Insta-Brain

拯救手機腦

每天5分鐘，終結數位焦慮，找回快樂與專注力

Anders Hansen
安德斯．韓森 著
葉小燕 譯

獻給

漢斯．歐克．韓森（一九四〇～二〇一一年）、

凡尼亞．韓森、

伯恩．韓森

早期人類所留下的最大遺產，是現代化的思想。

——史蒂芬．平克（Steven Arthur Pinker，心理學家）

〈前言〉

為何我們的生活變舒適，精神狀態卻變糟了？

現在你手上的這本書，內容說到**人類的腦並不適應這個數位化社會**。然而在新冠肺炎危機下，此刻手機成爲人們對外聯繫的命脈，這本書果眞還是非讀不可嗎？我認爲，正因値此之際，更是非讀不可。請容許我細說從頭。

現今成年人每天花費四小時在手機上，十幾歲的年輕人則是四～五小時。人們的行爲模式在這十年中的變化是人類史上最快速的，這會產生什麼樣的影響？本書《拯救手機腦》正是想要探究這件事，而我打算藉助科學的力量。目前爲止的研究中，對於數位化社會究竟了解多少？對於我們的心靈健康有何影響？對於睡眠與專注力的影響又是什麼？對於兒童與青少年呢？還有學校教育又如何？排除個人的臆測與主觀看法，是否有確切的研究結果出現？

首先，比起所謂的手機使用時間等細節，我們所要面臨的是更重大的問題。由於我是精神科醫師，我發現因爲精神狀態不佳而就診的人愈來愈多了。在瑞典，成人之中竟然每九人就有一人以上在服用抗憂鬱藥物，其他許多國家也出現同樣的統計數據。這些數字隨著我們這幾十年來的生活富裕、GDP（國內生產總額）的上升而增加。明明生活有了良好改善卻反而變得不健康，這到底是怎麼一回事？

本書就是在試圖理解矛盾現象的過程中孕育而生。爲何有這麼多人明明物質上不虞匱乏，卻感覺不安？儘管以一種前所未有的方式與他人有所連結，卻又爲何感到孤獨？後來，我漸漸可以理解，有一部分是因爲現今我們所生活的這個世界，對人類而言性質差異非常大。這種不對稱的現象，換句話說，也就是我們周遭的環境與人類進化的結果不一致，對心靈造成了影響。

汽車、電力或手機，對你我來說都是極爲自然的存在，甚至難以想像沒有這些東西的世界會是什麼模樣。然而現今這個社會，不過是人類歷史的一個瞬間。人類出現在地球上之後，有九十九點九％的時間依靠狩獵與採集爲生。即使到現在，我們的腦部還是維持在適應當時生活模式的最佳狀態。人類的腦在這一萬年來並沒有變化——這就是現實。以生物學來看，你的腦子還活在熱帶草原的日子裡。

或許有人覺得「那又如何？」「難不成要叫我們搬去森林裡，過著獵鹿的生活嗎？」沒錯，當然是不可能叫你那麼做，只不過就生物學而言，熱帶草原時代尚未改變的這個事實，是個重要關鍵。我們藉此來理解何以人類必須有**睡眠**與**運動**，還有**人們彼此之間是否具有強烈需求**。

若是長期漠視這樣的需求，精神狀態就會變差，只不過我們似乎長年累月無視於這樣的事實。睡眠時間減少了，近十年幾乎所有已開發國家中接受睡眠障礙治療的年輕人人數都暴增。例如在瑞典，相較於二〇〇〇年左右，現在因爲失眠而就診的年輕人竟達八倍之多。

身體活動的機會也減少了，不再以過去那樣的方式與他人見面。多數人——尤其是年輕人感覺比過去更孤單。而且這是早在因應新冠肺炎而減少外出之前就有的現象。

睡眠、運動，還有與他人的連結，是保護個人免於精神失調的三項重要因素。這也是研究報告中明確指出的。這些活動一旦減少，身體狀況就會變差，這是因爲缺少了維護身體的要素。由此我們就能理解，爲什麼明明生活更舒適了，精神狀態卻變糟了。

現代社會與人類歷史之間的**「不對稱」**扮演重要關鍵的部分，不僅在於人類的心靈狀態。舉例來說，看看新冠肺炎危機，整個地球似乎就像是停留在二〇二〇年的春天一樣，我們爲什麼會對病毒產生如此激烈的反應呢？

如果你是那種會因爲病毒而擔心到睡不著覺的人，那麼對於各已開發國家中最大死因的癌症或心臟病，你應該也會擔心得不得了。然而就歷史上來看，奪去人類性命的並不是癌症或心臟病。人類出現在地球上以來，九十九點九%的時間裡是死於飢餓、殺戮、乾旱或感染性疾病。

也就是說，人類的身體與腦部並非爲了免於癌症或心臟病而打造。其進化是爲了保護自己免於受飢餓、乾旱與感染性疾病的威脅。你我的腦袋所擅長的領域在此，因爲我們是那些歷經苦難存活下來的人類子孫。

考量到存活這件事，飢餓是極爲恐怖的一大威脅。於是人類進化爲強烈需要卡路里的體質。一旦幸運找到高卡路里的珍貴果實，勿失良機吃掉它——祖先們就是受這樣的衝動驅使。可是在當今這個卡路里有如免費供給的世界上，擁有那樣的衝動是很不妙的。因此我們便能明白，全世界第二型糖尿病與肥胖宛如傳染病似地蔓延開來的原因何在。

那麼，新冠肺炎病毒與人類的腦又有何關連？人類身體的進化，多數是基於感染性疾病下死亡的現實在運作。比方說，讓身體發展出絕佳的免疫系統就是其中之一。此外，會自然採取避免遭受感染的行動，因爲預防病毒或細菌進入身體，與遭受感染後的應對處理同等重要。

光是看氣色就能察覺對方病了的能力，也是其一，甚至還會有衝動想要知道感染者的相關訊息，因爲「究竟該與誰保持距離？」是攸關生死的重要資訊。

所以，人們無法不注意新聞快報。新冠肺炎危機期間，來自電視、電腦或手機的訊息一整天不停歇。從世界各個角落送達的感染者與死亡人數報告，簡直就像一場新聞資訊風暴。其結果，讓許多人因此感到莫名的壓力。

在這樣的危機之下，數位產品是重要的工具。它可以讓我們遠距工作，或是不用出門便與朋友家人取得聯繫。對我來說也一樣，手機是個命脈。在家中自主隔離時，手機爲我跨過那堵牆秀出了全世界。若非如此，簡直要感覺那牆壁一天天往自己逼近似的，讓人透不過氣。

新冠肺炎危機當下，數位工具就像是與外界溝通的橋樑。不過也造成了一些問題，現在有些傳聞或陰謀論會透過社群媒體擴散得比病毒更加快速。儘管這樣的傳聞擴散是危機中極爲自然的副產物，但過去只會在少數人之間流傳，如今卻是在幾小時內便傳送給好幾百萬人。假訊息的擴散規模之大，以至於連世界衛生組織（WHO）都提出警告：「伴隨著病毒感染的擴大，我們也受到『**假訊息傳染病**』（infordemic）的襲擊。」

對於假訊息，爲何人類表現得如此脆弱？我們又能對此採取什麼樣的對策呢？本書也納入了這些提問。

另外，書中也提及有關凝視手機或其他數位畫面的時間，也就是觀看螢幕的時間。事實上，我寫這本書是因爲一些個人因素。一年前，當我發現自己每天耗費將近三小時在手機上時，非常震驚。竟然花了三個小時！

即使知道浪費時間，我們還是很難放下手機。就連坐在沙發上看電視新聞，手也不由自主伸向手機。自己明明從以前就很愛看書，現在卻變得愈來愈不容易專注。一讀到需要聚精會神的篇章，便把書丟在一旁。相信這樣的經驗，應該不是只有我一個人經歷過。

透過研究可以看見，如同設定得很馬虎的個人電腦容易被駭一樣，我們的腦部同樣可能被駭。聰明的企業早就已經利用了這一點，他們藉由生產一些博取眾人目光的商品來達成目的。如果你以爲每當我們從口袋裡拿出手機是依照自己的意願在行動的話，可就大錯特錯。經營臉書、Line 與 Instagram 的企業就成功地駭入了我們腦子裡的獎賞系統（reward system），在這十年之中，完全稱霸全球廣告市場。有關這些企業採用的手法，希望各位在本書第六章進一步詳細閱讀。

也有人認爲只要適應新科技就好，我並不同意。因爲不是人類要去順應科技，而是科技要來配合我們才對。照理說，臉書或其他那些社群媒體應該也可以開發成讓人用來實際會面的工具，同時也可以是不影響睡眠、用來動動身體的工具，甚至防堵不讓假訊息流竄擴散。

之所以沒有那麼做——就是因爲錢。你在臉書、Instagram、推特（Twitter）或Line上面所耗費的每一分鐘，對企業來說與黃金等値。因爲可以賣廣告。他們的目的，就是盡可能從我們身上剝奪大量的時間。就在這種競相博取你我關注的競爭中，他們的技術更上一層樓。於是我們又耗費更多時間在社群媒體上，然後從事其他活動的時間就愈來愈少了。

科技以各種不同樣貌在幫助人類，當然此後也應該繼續存在。但是我們必須記住，凡事各有利弊。由此開始，才能發展出使人們身心都健康的產品。不要爲了賺錢而利用人類的特質，而是尋求能夠貼近並撫慰人心的事物。

總之，我們必須了解人類的基本架構，認清數位社會所帶來的影響。寄望本書對此能有所貢獻。

〈推薦序〉

人生的聖典

久山葉子

安德斯．韓森是目前在瑞典最受矚目的精神健康導師，身爲精神科醫師的他，在二〇一六年出版的《眞正的快樂處方：瑞典國民書！腦科學實證的健康生活提案》一書中引用多篇論文來說明「只要運動就能強化抗壓性，提升記憶力與專注力」。那本書之所以在人口僅有日本十三分之一的瑞典成爲銷售六十萬冊的暢銷書，並且被翻譯推廣到全球二十個國家，其來有自。除了「只要做些健走或慢跑等簡單不花錢的運動就能獲得多項良好效果」這個事實所帶來的衝擊，也是因爲韓森基於獨創的「人類進化觀點」所提出的解釋淺顯易懂，讓人可以理解認同。我自己更是在讀了書的隔天就開始健走運動，四年後的今天仍持續進行中。

安德斯．韓森令人盼望已久的這本《拯救手機腦》在瑞典當地出版後，長達四十二週名列二十大暢銷書榜。這次的主題更加豐富且耐人尋味。書中的提問是，我們日常生活中無法欠缺的手機或 iPad 對人類、尤其是對兒童或年輕人將造成什麼影響？這些東西確實很方便，但是如此長期使用不會有什麼不良的影響嗎？這樣的不安，相信不論是誰都曾經在腦子裡一閃而過。更不用說在兒童身上，可能有許多父母已經切身感受到那種負面影響。只不過如今這個時代，沒有理由不讓孩子使用手機。現狀就是父母與校方尚處於不知該如何使用才安全的狀況下，就已經被資訊科技的革新牽著鼻子走。本書正面迎擊我們的疑慮，對照眾多研究結果並提出明確的解答。這回，安德斯．韓森同樣由個人獨創的「人類進化觀點」提出具說服力的證據。有報導指出，iPad之父史蒂夫．賈伯斯嚴格控制自己與孩子使用iPad的時間，那麼你是否還能一如往常毫無限制地讓孩子盯著「螢幕」呢？

作者安德斯．韓森過去在設有諾貝爾獎委員會（負責頒發諾貝爾生醫獎）的卡羅琳醫學院研讀醫學，是一位發表過二千篇以上醫學論文的現職精神科醫師。因爲《眞正的快樂處方》一書而爆紅之後，陸續登上知名的電視談話性節目與新聞節目，二〇一九年更以年度話題人物身分受邀參加廣播節目（例如二〇二〇年話題人物是年輕的環境活動家格蕾塔．通貝里與新冠肺炎疫情中代表瑞典發布對策的公共衛生署國家首席流行病學家安德斯．特格內爾），當集節目至今已有三百一十萬人次收聽，是二〇一九年收聽率最高的一集。二〇二〇年春天，由韓森擔綱主持人的《你的大腦》（Your Brain）節目播出第一季，他已經是目前瑞典在身心靈方面最具影響力的人物。

對我而言，《拯救手機腦》是人生中的聖典，書中所推薦的適度運動，還有如何與螢幕、社群媒體打交道的方法，是省思自己與孩子生活時的重要核心。相信在瑞典也有許多父母有著同樣感受。小女所就讀的小學，正式開學前就會傳送安德斯・韓森在TED上的演講連結給每一位監護人，並且安排每天上課前二十分鐘讓大家活動身體。早上到校將手機交給校方保管，校內禁止使用，讓人確實感覺到本書對教育界的影響幾乎是前所未見。

但要事先強調，本書絕不只是專爲兒童與年輕人而寫，其中也有許多是成人必須爲自己去深入了解的內容。最近變得很健忘、不像過去那麼專注、容易感到有壓力等，各位是否出現這樣的現象呢？希望這樣的您務必閱讀本書，找回原來的自己。人們爲何會過度飲食？近十年來憂鬱症與失眠的人口爲何會增加？我們對新冠肺炎疫情的話題又爲何反應過度？甚至關於未來什麼工作不會被人工智慧取代等，本書都融合了研究結果與進化的觀點提供一些讓我們讚嘆「原來如此！」的答案。

由衷希望這本書能夠讓您或家人因此而改變人生。

（本文作者曾任日本駐瑞典大使館工作人員）

CONTENTS

前言　為何我們的生活變舒適，精神狀態卻變糟了？　007

推薦序　人生的聖典　015

第1章
人類歷史建構於無手機的情境下　023

為何人類無法適應現代？／人並沒有因應現代社會而進化／情感是生存所必須的戰略／下判斷時，是情感在支配我們／負面情緒擺第一

第2章
壓力、恐懼和憂鬱都負有任務　039

壓力系統的形成過程／人體的火災警報器——杏仁核（扁桃體）／即時動作的杏仁核／不安——可能出現的威脅／連不合理的不安都合乎道理／憂鬱是天然的防護衣？／長期壓力的代價／憂鬱症狀——是為了預防感染？／用言語表達情感很重要／警告旗／不見得必然是「強者生存」

第3章
智慧手機是我們最新的毒品？　063

多巴胺的任務／腦部總是喜好新事物／熱愛「說不定……」的腦部／「或許……」讓人想用

手機／煽動獎勵中樞的社群媒體／矽谷內滿是罪惡感／資訊科技業高層不給孩子用智慧手機／輕易就被數位世界的旋轉木馬繞得暈頭轉向

第4章 專注力才是現代社會的珍貴寶物 079

多工的代價／腦部效能愈差時，愈會自我獎勵／有限的工作記憶／即使是靜音模式，手機依然造成干擾／光是連結就會讓人分神／反覆訓練讓注意力更加渙散／手寫筆記勝過PC／建構長期記憶需要專注力／腦袋最愛走捷徑／谷歌效應——資訊無法成為記憶／對周遭漠不關心

第5章 螢幕對心理健康與睡眠的影響 101

被低估的睡眠／我們為何要睡覺？／壓力「加上」螢幕有礙睡眠／黑夜中的藍光／電子書vs.紙本書／感受程度因人而異

第6章 社群媒體——現代最強的「影響者」 115

人類的腦袋最愛負面傳聞／終生具有社交性／人生中有數年光陰被臉書奪走／我們想說說自

CONTENTS

己／社群媒體愈用愈孤單／社會地位對精神健康的重要性／數位世界裡的嫉妒／臉書降低了人生滿意度／社群媒體從各個面向影響我們／社群媒體使女孩失去自信／他人是自己的一面鏡子／社群媒體會扼殺共鳴的能力嗎？／是誰在支配你的關注？／數位化世界的軍備競賽／需要什麼商品，取決於我們自己／「我們自己 vs. 那些傢伙」血染的歷史／不實報導的擴散機制／該是時候進行數位排毒了

第7章 變傻的孩子們 153

兒童的手機成癮／在多巴胺最活躍的青少年時期更應禁止喝酒／不適合幼兒的平板學習法／喪失延遲享樂的能力／校內的手機——是敵人還是夥伴？／拿走手機、提升成績／年輕人愈來愈睡不著／年輕人精神失調的狀況激增／長期調查的結果也相同／網路可隨身攜帶的時代／精神狀態 vs. 依賴／螢幕使用時間的概念

第8章 明智的對策——運動 177

資訊海嘯／少量運動也有效果／專注力為何會提升？／不論老少，運動都能預防壓力／應對壓力的心靈安全氣囊／現代人運動量愈來愈少／所有的運動都有效

第9章 要腦部去適應手機嗎？ 191

我們的智商在下降／計程車司機腦部變化的原因／「鐵路暈眩」與「數位化暈眩」的決定性差異／數位化影響快到來不及研究！／我們正在失去什麼？／人類還在進化嗎？／心理問題切莫掉以輕心／人類並非幸福的生物／為了不因科技而退化

第10章 結語 211

數位化時代的建議 216

謝辭 221

專題 適度承受一些壓力吧！046／當眾發言的恐懼048／不安是人類特有的現象053／什麼樣的人會得手機成癮症？073／因為多工而錯置的記憶099／因為手機而憂鬱？105／螢幕甚至會影響食欲？113／一生之中能夠認識多少人？121／薄弱的自我檢視125／最嫉妒什麼？131／為什麼額葉最後才成熟？159／我們的身材太誇張！189

第1章

人類歷史建構於無手機的情境下

剛才你翻過的那兩頁，畫了一萬個黑點。每一個點，代表自二十萬年前人類物種出現在東非以來的每一個世代。聚合所有的點，就是人類的歷史。請各位想想，當中有多少個世代是活在這個對你我而言理所當然有著汽車、電力、自來水與電視的世界？

答案是．．．．．．．．八個點。

有多少世代曾經生活在有電腦、行動電話與飛機的世界？

答案是．．．．三個點。

又有多少世代只生活在有智慧手機、臉書與網路的世界，並且認為這些稀鬆平常？

答案是．一個點。

本書的主角，是在我們已知範圍內，宇宙中最高水準的傑作，也就是將我們的情感、記憶、意識等經驗集大成的腦部。儘管這器官讓人有那麼一點像是望而生畏、謎一般的感覺，不過那其實就是我們自己。歷經大海一般無邊無際的時間之後，腦已經適應了人們所生活的世界。而這裡所謂的「世界」，與現今我們所熟知的世界──以剛才的那些黑點來說就是最後的幾個──截然不同。

為何人類無法適應現代？

你和我，都是經由不具任何目的或意義的過程，也就是進化之後的產物。進化無所謂好與壞，既不是要惡整我們，也不是要給我們什麼好處。凡是地球上的生物，都基於這樣的基本條件去適應當下的環境。那麼實際上會出現什麼狀況呢？就以棲息在北美的熊爲例吧。熊群漸行漸遠，去到了阿拉斯加，開始過著嚴寒的極地生活，但是棕色的毛皮顏色無法融入雪景之中，連唯一的獵物——海豹都能輕易地發現牠們，於是熊群面臨了飢餓的威脅。

不過，有隻母熊的卵子很偶然地產生了**突變**，掌管毛皮顏色的遺傳基因讓毛皮變成了白色。生下來就有著白色毛皮的小熊，比其他熊都更擅於接近海豹。一旦獵食容易了，存活的機會就增加，不久便繁衍出下一代。這些後代同樣也有著白色毛皮，那麼子孫確實存活的機率就變高。所謂的進化，就是像這樣持續進行。棕色的熊不敵生存競爭，於是經過一萬至十萬年左右，阿拉斯加的熊全都有著白色毛皮，並因爲十分雪白而開始被稱爲白熊。

這種存活下來並能夠提高子孫繁衍機率的特性代代相傳，經過漫長的時間變成一種再自然不過的事。植物或動物，包括我們人類在內，就是這樣逐漸適應環境。

誕生出白色毛皮的熊，讓進化這件事聽起來就像個大工程，其實正是如此。物種要產生大變化，需要長時間——眞的是漫長的歲月。

繼白熊之後，讓我們試著想像一下十萬年前生活在熱帶草原的人類，我們姑且叫她爲卡琳好了。卡琳跑向一棵結滿高卡路里甜美果實的樹，然後只吃了一顆便滿足地離去。隔天一早肚子又餓了，於是再來到那棵樹下，可是果子全沒了，不知道是誰全都摘走了。在卡琳所生活的這個世界裡，沒了果子的樹，同時也意味著死亡，因爲人口之中有十五～二十％是死於飢餓。

再來，想像有另外一個女人，是同樣住在熱帶草原的瑪麗亞。由於她認知甜味的遺傳基因有了突變，只要吃了甜美果實，腦子裡就會分泌大量的多巴胺（dopamine）。多巴胺是一種會讓人在當下感覺滿足愉悅，並且還想繼續做這件事的物質。（參照第37頁）

結果，瑪麗亞感受到一股強烈的欲望，想把樹上的果子全都吃掉。只吃一顆並無法滿足她，所以又塞了很多進肚子。總算吃到胃快撐破，才搖搖擺擺地離去。隔天一早醒來，又想吃點美味的食物，再來到昨天那棵樹下一看，原本剩下的幾顆果子不知道被誰摘走了。雖然感到可惜，但因爲前一天吃了很多，還有一些卡路里留在身上。

相信各位都猜得到，存活機率較高的是瑪麗亞，因爲消耗不完的卡路里會轉爲脂肪蓄積在腹部，當找不到食物可吃的時候就能保護人體免於餓死。如此一來，生育孩子留下遺傳基因的可能性就增加了。由於對卡路里的渴求是來自遺傳基因的緣故，這樣的特質傳承給下一代，下一代自然也就容易存活並繁衍子孫。在這裡，環境上的重要因素也有所關連。對卡路里有強烈需求的孩子逐漸增加之後，存活的機率變高。經過了幾千年，對卡路里的需求緩慢且確實地成爲這群人之間普遍共通的特性。

接下來我們試著將卡琳與瑪麗亞放入現代社會，這是一個速食店密集的世界。卡琳找到麥當勞，買了一個漢堡，差不多吃飽了就愉快地走出店外。接著換瑪麗亞進來，點了漢堡和薯條、還有可樂和冰淇淋，吃到肚子快撐破才離開。隔天早上，瑪麗亞肚子餓又去了麥當勞，很開心的是店裡和昨天一樣有著滿滿的食物。瑪麗亞打算點跟昨天一樣的東西。

幾個月後，暴飲暴食的行爲開始侵蝕瑪麗亞的身體，不只額外增加好幾公斤的體重，也引發了第二型糖尿病，她的身體很顯然已經承受不了高血糖。這下子，卡琳和瑪麗亞兩個人的處境逆轉。過去生活在熱帶草原時，對卡路里的渴求雖然有益於人類存活，卻不適合現代社會。人類歷史九十九點九%的時間裡維持我們生存的生物結構，突然之間竟變成了弊多於利。

這不是假設性的描述，而是我們正在經歷的事。幾百萬年的進化過程中置入體內對卡路里的渴求，即使來到這個卡路里無限供應的現代社會依然持續在作用。再加上，社會變化往往不過就在幾個世代之內，時間短到人類的身體來不及應變。以生物學來說，就像是每次只要眼前出現了卡路里，我們的腦子就會大叫：「馬上放進嘴裡！到明天說不定就沒有了。」

結果顯而易見，全世界肥胖與第二型糖尿病人口暴增。雖然無法正確得知老祖先們的體重是幾公斤，但現在依照過去工業化社會中的非洲部落調查數據來看，多少可供參考。他們的平均ＢＭＩ（身體質量指數）大約是二十，也就是標準體重範圍內的相對低值。現今美國的ＢＭＩ平均是二十九（依ＷＨＯ的標準，再往上就是**肥胖**），瑞典的平均值是二十五（依ＷＨＯ標準爲**過重**）。

過重或肥胖的問題，短短數十年間在那些由貧窮國家爬升爲較高度開發國家中增加特別多。僅僅一個世代，就從經常受飢餓威脅的狀態轉變爲西方速食文化的社會。

來不及適應現代社會的不只是身體而已，可以說在精神層面也一樣。比方說，瑪麗亞經常對危險感到不安，爲避開風險而精心擬訂各種計畫，藉此提高存活的機率。由於在過去，很多人會因爲受傷而死亡、被殺害或是遭動物吞食。即使如今生活在安全的世界裡，瑪麗亞的個性還是因爲經常設想各種負面狀況，而生了心病，日後恐怕會演變成恐慌或憂鬱症吧。

有些人經常會確認周遭狀況、異常地好動，而且也很容易被其他事物吸引，過去這樣的性格可以讓他迅速避開危險。叢林裡發出沙沙聲的，說不定是能吃的東西。立刻來找找吧！但是現在，卻因爲那樣的衝動或感受而注意力不集中，讓人覺得他是很難在教室裡安分坐好的孩子，並診斷爲ＡＤＨＤ（注意力不足過動症）。

人並沒有因應現代社會而進化

與其他動物一樣，我們人類也是因應環境而進化。其實只要看看這個細膩塑造人類特質的環境，或許會更容易了解人類。過去世代中占壓倒性多數，也就是一萬個黑點中有九千五百個左右的世代人類，是以狩獵採集爲生。他們的世界，與你我想當然耳的世界大不相同，我們無法正確掌握究竟那是個什麼樣的世界。由於史前時代沒有記載，只能有一個很籠統的印象，而且也無法一概而論。這也是因爲，各聚落不論是以狩獵或採集爲生，其生活條件之不同，就像現在地球上因地點不同而有所差異一樣，應該是各異其趣的。儘管在所知有限的情況下不能一概而論，但至少還能舉出幾個例子來說明當時與現今世界在根本上的差異。

・當時的聚落生活爲五十～一百人左右的規模；如今地球上大多數人口則生活在都市裡。

・當時經常遷徙，住處很簡樸；如今則在同一地點居住數年、甚至數十年。

・當時的人，一生中會遇見的人數大約二百人，最多不過一千人左右，所見到的人，外貌上大致與自己相同；如今的人，一生中會遇上全世界幾百萬人。

・當時，總人口之中有半數是還不到十歲就已經死亡；如今在十歲之前死亡的人口僅僅占少數幾個百分比。

・當時的平均壽命不到三十歲；如今全球的平均壽命，女性爲七十五歲、男性爲七十歲。

・當時一般的死因爲飢餓、乾旱、傳染病、大量出血，還有殺戮；如今最常見的死因爲心臟血管疾病與癌症。

・當時人口中有10～15％是遭他人殺害；如今的殺戮、戰爭、內戰等因他人所致的死亡人數只占死亡者總數的1％不到。

·當時爲存活，必須分散注意力，隨時確認四周環境的安危；如今則認爲注意力不分散才是對的，因爲現在的環境已經不像過去那樣危險。

·當時如果不積極勞動尋找食物，可能會餓死；如今則是連踏出房門一步都不用，食物就能到手。只要下單，自動送到門口。

總之，我們就是在那一大群連貫的黑點最末端那幾千年中——不，說不定只有幾百年——就顯著改變了周遭的環境。幾千年聽起來感覺好像是永遠似的，其實從進化的角度來看也不過是一瞬間罷了。其結果，我們原本爲適應環境所進化的方向不同，以至於與現在這個時代格格不入。爲了解此種狀況所造成的影響爲何，讓我們先進一步仔細看看人類的腦，也就是全權掌管人類思考、情感與經驗的器官。

情感是生存所必須的戰略

從出生後第一個呼吸開始，直到人生最後吐出那口氣爲止，你的腦袋就持續不斷在應付一個問題，也就是「現在該怎麼辦？」。我們的腦，完全不在意昨天發生的事，一切只爲了當下和未來。爲判斷眼前的狀況而活用記憶，以自身情感爲根基，驅動自己朝正確的方向前進。然而這裡所謂的正確方向，並不是指精神狀態獲得改善、提升能力水準或維持健康等，而是如同過去祖先們所做的那樣，存活下來、留下基因這樣的方向。

所謂的情感，不是指「對自己周遭環境的感覺」，而是腦子因應身邊發生的事，將身體上產生的現象整合爲一種反應，這會驅使我們採取各種行動。是否覺得很神奇呢？就讓我們從頭看個分明。任何人都想要了解自己的情感並控制它，狀況不好的時候，尤其會這麼想。爲達到此目的，至少必須知道所謂的情感究竟是什麼，了解人類爲何會有情感。其實相較於充實精神面來說，情感具備了更爲重要的功能。

與其他物種相同，塑造出人類身體與腦袋的唯一基本原則是「存活並留下基因」。在進化方面，則嘗試了好幾種不同的策略，比方說「盡可能變得機靈敏捷，逃過敵人追趕」或「讓自己融入景色之中，不容易被找到」，還有「可以取得其他物種得不到的食物」。長頸鹿就是多虧了長長的脖子，才吃得到其他動物搆不著的樹葉。還有其他策略，以人類來說，就是「採取可以讓自己存活的行動」。換句話說，所謂的情感原本就像長頸鹿的長脖子或白熊的白色毛皮一樣，都是爲存活下來的手段。因此不只發展出身體上的特質，也進化到可以反應迅速靈敏，施展全力去行動。

下判斷時，是情感在支配我們

人類所有一切行動——從搔下巴到引爆原子彈——都是源自於一項欲望的結果。這個欲望，就是想要改變內心的精神狀態。我們人類以此為出發點，受情感支配。一旦遭受威脅，就會害怕或憤怒，並決定要逃跑或攻擊。身體只要缺少了能量，肚子就會餓、想要找食物。

假設這是一個完美的世界，人們在面對選擇時能夠得到所有相關資訊。煩惱著不知該不該吃三明治的人，可以確實掌握它的營養成分、味道，甚至連麵包是不是剛烤好的都能知道。而且也會知道自己的身體現在非補充營養不可，此時的三明治是最佳選擇。整合這一切資訊，就能針對要不要吃三明治做出合理決定。如果我們的祖先是生活在這種「完美世界」裡，當他站在有著滿滿蜂蜜的蜂窩前，便能得到一切有關蜂蜜背後所隱藏的危險與可能性。他可以輕易得知蜂窩裡的蜂蜜有多少熱量與卡路里，自己身上蓄積的能量又剩多少？為取走這些蜂蜜，受傷的危險性有多高？除了蜜蜂之外，沒有其他危險事物嗎？整合這些資訊之後再為該不該採蜜而做出合理決定。問題是，祖先們所生活的世界並不完美，即使我們眼前的這個世界也一樣。

於是，這種時候就要換「情感」上場了。讓我們可以使盡全力去採取各種行動的就是情感。有意識的「你」在沒有充分資訊可供參考的情況下，或是認為下決定過於耗時的時候，腦子會即刻粗略估算並以情感的形式給你答案。「肚子餓扁了，就吃了三明治吧！」你的祖先也一樣，因為肚子餓就採了蜂蜜。這是經判斷認為遭遇危險的可能性很低，又或者是實在餓到不行的狀況。如果研判危險性過高的話，就會因為感到恐懼而罷手。

當我們一站在超市的點心零食區，進化後的演算法就會快速地估算並給出答案，要我們應該避免讓自己餓死。「我想要吃點心！」就是以這種強烈渴求的方式。對這個食物已經多到滿出來的現實狀況，我們的腦子並沒有跟上。所以一站在點心架前，許多人都無法做出合理判斷。我們生為渴求卡路里的瑪麗亞後代的可能性非常的高，而不是那個餓死的卡琳。

負面情緒擺第一

像這樣，情感不論好壞都會讓我們做出各種判斷，不過這並不是單獨出現的現象。情感湧現時，身體與腦部會產生連鎖反應，不只影響各器官運作，連思路或如何詮釋周遭事物都會受影響。

感覺恐怖的那一瞬間，腦部會下達指令釋放皮質醇（cortisol）與腎上腺素（adrenalin）。心臟會快速強烈收縮，將血液輸送到肌肉，讓人不論是要逃跑或發動攻擊都能發揮最大的力量。肚子空空時一見到食物，腦部就會釋放多巴胺，增進我們想吃的欲望。多巴胺和催產素（oxytocin）一樣，在性興奮的時候也會釋放，讓我們感受與他人間的羈絆。也多虧這樣，才能讓你將注意力集中在身旁的那個人而不是電視畫面上。

負面的情緒會凌駕於正向情感之上。人類歷史中，負面情緒往往與威脅息息相關，而面對威脅，非得立即處理不可。吃吃喝喝、睡覺交配這些事都能等，唯有面臨威脅時的應對不能等，這也是爲什麼當我們一旦有重大壓力或擔心的事時，就無法思考其他事情的原因。我們祖先過去生活的世界，是一個遭受威脅比擁有光明未來更常見的環境。經常感受到負面情緒這件事，也可以從話語中多半是表達負面情緒的字眼觀察得到。原本一般人就比較常在意負面的情緒，有人會想看一部沒有紛爭、激戰的電影或小說嗎？

負面情緒的根源就是壓力。所以下一章就來仔細看看「壓力到底是什麼？」吧！

第2章

壓力、恐懼和憂鬱都負有任務

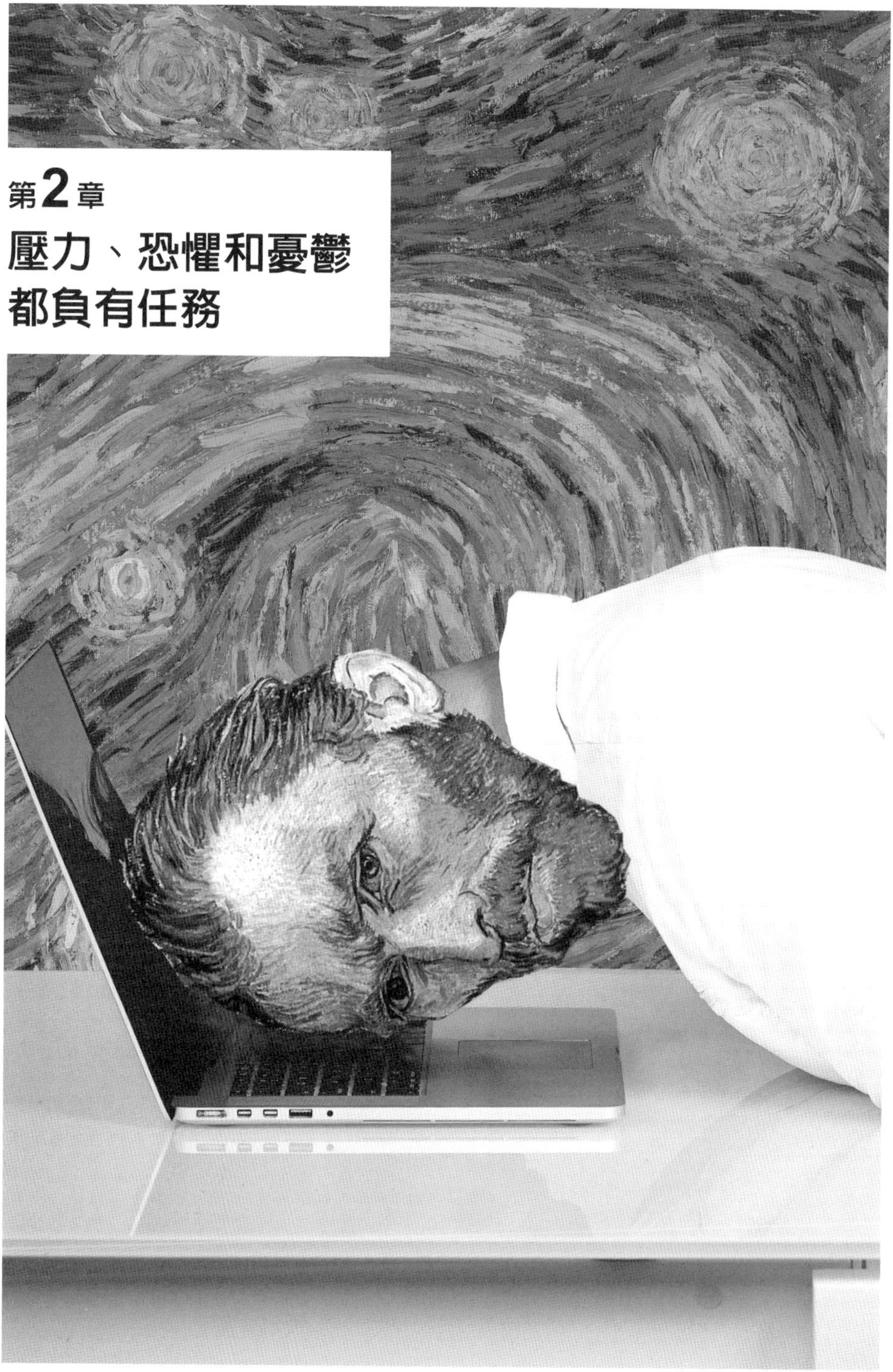

活在地球上百分之九十的時間裡，對動物而言，壓力就是那恐怖的三分鐘。

三分鐘過後，不是你死就是我亡。

那麼人類呢？同樣的壓力要用三十年分期付款。

——羅伯特・薩波斯基（Robert Sapolsky，史丹佛大學神經內分泌學、演化生物學教授）

對你我來說，壓力來源就是像非得排好每天忙碌不堪的行程不可、考試還沒完全準備好、工作趕不上進度這類的事。然而從歷史角度來看，那些並不是給腦部帶來壓力的主要因素。

我們先仔細看看醫學上所謂的ＨＰＡ**軸**（下視丘－腦下垂體－腎上腺軸），這是經過幾百萬年進化後的產物，不只有人類，鳥、蜥蜴、狗、貓、猴子等，基本上所有脊椎動物都有這個系統。ＨＰＡ軸，首先從腦部的**下視丘**（H:hypothalamus）開始，傳送訊號給**腦下垂體**（P:pituitary gland）這個分泌器官，然後腦下垂體再下達指令要求腎臟中的**腎上腺**（A:adrenal glands）分泌**皮質醇**這種荷爾蒙，皮質醇對身體而言是最重要的壓力荷爾蒙。

不論是人類或動物的ＨＰＡ軸，想必都是因爲要應對高度急迫的威脅而變得發達。無意間遇上了獅子，ＨＰＡ軸就會提出警告「要小心！」一連串的反應從下視丘開始，由腦下垂體要求腎上腺分泌皮質醇，集中身體能量、心跳劇烈加速。相信大家都有過因爲感受到壓力而使脈搏變快的經驗，爲什麼會這樣呢？那是因爲遇上了獅子就必須立即反應，決定要攻擊還是逃跑，也就是**「戰鬥或逃跑」**，不論選擇哪一個，肌肉都需要大量的血液補給。所以脈搏會加快、增強。這樣的反應如今還留在我們體內，一暴露在壓力之下，心跳就會加速。

壓力系統的形成過程

壓力系統的HPA**軸**之所以會存在，和我們具備情感是一樣的道理，也就是爲了要生存。與身體或腦部其他部分一樣，壓力系統是因爲祖先們爲了要在比如今更危險的世界裡存活下來而變得發達。除了當時遇上危險的頻率比現在更高之外，還幾乎都是被迫要即時反應的狀況。到底該攻擊獅子？還是應該逃跑？杵在那裡猶豫不決的人，想必老早就在基因的嚴格考驗下三振出局。

令人慶幸的是，現在幾乎沒什麼機會爲這種性命交關的狀況去操心。只不過，一受到社會心理層面之類的壓力，同樣的系統便會在腦子裡開始運作，比方說像工作期限逼近、高額房貸、按「讚」數很少的狀況。如今與我們HPA軸相關的壓力，不再像過去遇上獅子那樣需要高度專注力，反而是長期持續的狀況比較多，有時候連續好幾個月，甚至是一年。可是HPA軸並沒有爲這種類型的壓力而進化，壓力荷爾蒙長期持續增加，腦部就無法正常發揮良好作用。一旦經常處於**「戰鬥或逃跑」**的局面下，將放棄這兩者以外的其他選項。對腦部來說，就是這樣的狀況：

·睡眠——之後再說
·消化——之後再說
·傳宗接代——之後再說

如果是曾經承受壓力好一陣子的人，想必會有這樣的經驗吧？像是因爲腸胃變得不好、噁心想吐、失眠或性致缺缺等感到不適，其實這樣的人應該是多得不得了。只要想想腦部的結構「除了必須即刻解決的問題之外，其他都之後再說」，也就不足爲奇了。只不過，長期壓力的影響並不只有這樣，壓力也會影響我們的思考能力。適度的壓力雖然可以讓我們神志清明，一旦過了頭，腦袋也是會罷工的。

人類在強大壓力摧殘下，就不會運用腦子裡原本最發達的人類特有部分，轉而退化到進化初期的原始點。儘管能夠迅速使出全力應對，卻不會向腦部的「思考」功能尋求協助，於是就會產生一些問題。

也就是說，一暴露在強大壓力之下，就只剩下**「戰鬥或逃跑」**這樣的選擇，沒有餘力研擬計畫慢慢玩。試圖迅速下判斷時，對於進入「偵錯模式」的腦部來說，當務之急就是即時解決問題，而不是那種社會化的縝密行動。如此一來，對於在自己身邊發現的錯誤現象會反應激烈。結果變得只要有一點點小事，就會非常浮躁，例如「襪子爲什麼隨便丟在地板上？」這類的事。

由於暴露在強大壓力之下，也沒有餘暇關照周遭的人事物，所以很容易失去耐性。另一方面，其實只要心靈充分滿足了，就會解除警報。但對於面臨威脅的腦部來說，解除警報的順位排在最後一個，所以持續不斷的強大壓力會讓精神狀態惡化。另一項會被腦部調降順位的功能，是長期記憶的保存。所謂的記憶，是經由腦部各個不同領域間的連結而組成，最主要就是由**海馬迴**這個腦部記憶中心來負責。這個連結——也就是爲了牢牢記住，海馬迴會透過剛形成的記憶迴路去發送訊息，但是承受巨大壓力時沒有餘力這麼做，於是那段期間的記憶多半會變得模糊不清。

人體的火災警報器——杏仁核（扁桃體）

這是二〇一八年夏天，我到義大利阿爾卑斯山登山時發生的事。在一個陡峭的牧草地上，我突然像凍僵似地停住不動。我自己也不知道爲什麼，而且心跳開始加速。走在我身後幾公尺的朋友嚇了一跳，問我：「你沒事吧？」那當下我才意識到是怎麼一回事。原來是我前方的草堆裡掉落了一段灰色的塑膠管，從相距幾公尺遠的地方看過去會讓人誤以爲是條蛇。所以是腦部在無意間確認周遭狀況的同時發現到有「蛇」，發出警告要我停下腳步。經過幾秒鐘後，總算才察覺到那不過是一條塑膠管。

現在，我們已經了解是什麼樣的構造引起那種反應。這場戲的主角是一個位於腦部、因爲形狀長得像杏仁（扁桃）而得名的杏仁核（**扁桃體**）。杏仁核是在十九世紀前葉被發現而命名的，但後來才弄清楚它其實比原先所想的杏仁體積更大。但由於名稱已經成了定論，也就不再更動。

杏仁核具有幾項重要功能。在記憶、情感方面，尤其是詮釋他人情感時，扮演著重要角色，其中最重要的就是經常關注周遭的危險，即使是一點小事也會拉警報。這裡所說的拉警報，是杏仁核會啓動壓力系統HPA**軸**。杏仁核的運作方式被稱爲**「火災警報器原則」**，即寧可警報拉過頭，也好過判斷錯誤沒有響。雖然很敏銳，卻不一定都準確。我的杏仁核也是因爲察覺到那東西說不定是蛇，所以才急忙拉警報讓我停下腳步，畢竟凡事還是小心爲上。

適度承受一些壓力吧！

「壓力」往往被認為是負面的字眼，不過人類要發揮功用，是需要壓力的。如果是短期的壓力，可以讓人精神集中、思考敏銳。換句話說，工作上辛苦個一天或一星期左右還不成問題。

壓力系統，對於我們人體機能的正常運作也很重要。只要觀察切斷了HPA軸開關的實驗動物就知道，牠們會變得沒活力，什麼都不想做，有些甚至連飯都不吃了。同樣的現象，在那些有職業倦怠症（burn-out）的人身上也經常可以看到。因為過勞，連起床都有困難，這就是因為HPA軸不再正常運作的關係，恐怕就是長期激烈運作的結果而導致故障的吧。

如同第1章所提，幾乎人類所有世代都是活在那種半數活不過十歲、充滿危險的世界上。從歷史角度來看，是由**「火災警報器原則」**在左右著命運。每當看到疑似獅子的蹤影就逃跑的人，存活機率比不逃的人更高。如果只因爲一次沒逃跑就得死掉的話，那麼多逃幾次又有什麼不對？杏仁核的警報不精確，其實是有原因的。

即時動作的杏仁核

你的杏仁核不是只有在感受到威脅時才啓動，它一直都保持著開啓的狀態。即使是你在讀這本書的過程中，杏仁核還是不自覺地會注意周遭狀況。然而杏仁核探知危險是好事嗎？沒錯，當然是。只不過它對所有事物都反應過度。像是外面的聲音很大、開會遲到了、簡報沒做完，或是 Instagram 上最新貼文沒有馬上獲得愛心等，杏仁核對這些事全都會產生反應。周遭的刺激愈多，杏仁核反應的機會便會增加。

各位的杏仁核會受刺激有幾個主要因素，例如蛇、蜘蛛、很高的地方或狹窄的空間等。也許有人覺得難以想像，被蛇或蜘蛛咬到而死亡的情況明明就很罕見。在瑞典，每年有兩百五十人左右死於交通事故，一萬人以上死於抽菸造成的後果。如此說來，那麼杏仁核是不是應該對菸盒或不繫安全帶這些事有所反應？結果反應還是以蛇、蜘蛛或很高的地方這種事情爲對象。之所以會這樣，是因爲好幾千個世代中，這些東西奪去了人們的性命。從進化的觀點來看，是杏仁核還沒適應汽車或香菸的威脅。對「生活在都市的人，比起汽車恐懼症更可能因爲害怕蛇或蜘蛛而尋求諮商」這件事有個合乎邏輯的解釋，人類至今所適應的世界與眼前生活的這個世界，顯然是不對稱的。

當眾發言的恐懼

你感到最有壓力的瞬間——或許是面對眾人說話的時刻。由於這是許多人會感到壓力重大的場面，甚至還有個名稱叫作**「公開發言恐懼症」**（Glossophobia）。他人目光投注在自己身上的時候為什麼會很不自在？可以想得到的解釋是人類在進化過程中，「不被逐出共同體」比什麼都重要。被他人批評、在社會上被瞧不起、被人從團體中趕出去的話怎麼辦？——這樣的想像會驅動腦部的壓力系統，讓心臟開始撲通撲通狂跳。

會在意周遭的批評，這也是建構在基因內的東西，而且是我們的腦子不適應現代社會的一個例子。就算在公司裡簡報做得很糟，應該也不至於失去工作後就餓死吧。但是在人類存活至今的這個世界，被團體驅逐了就意味著死亡。團體歸屬不只是為了感到安心，還關係到生存，因為獨自一人是無法存活的。

不安——可能出現的威脅

不安，光是聽到這個字眼就讓人打從心底不舒服。所謂的不安究竟是怎麼一回事？曾經感到強烈不安的人也許很難明白，當然究其根本，就是爲保命而具備的功能。不安是一種很不愉快的感覺，來自於遭受威脅之類的感受，由壓力系統在運作。

假設已經出社會的你訂立目標要進大學，在二週前參加了入學考試。考試成績公告在大學的網頁上。你登入之後，心裡七上八下找著自己的名字——結果沒考上。太扯了！騙人！你的心臟和思緒火力全開。「工作已經辭掉了，宿舍也租好了！大家會怎麼想……」這時候你已經感覺到強大的壓力。心臟開始快速劇烈跳動，將血液送往全身肌肉。因爲遇上危險時，一定要讓肌肉發揮最大效益。儘管考試結果不會因此而有所改變，但身體很明確地已經爲**「戰鬥或逃跑」**做好準備。

在這裡我們把時鐘倒轉回到二週前看看，也就是參加考試之前。你睡不好、沒什麼食欲、經常感到坐立難安，愁眉不展地擔心著，萬一失敗了怎麼辦？這就是**「不安」**。這時候腦子裡是什麼系統在運作呢？沒錯，是ＨＰＡ軸。雖然不論是不安或壓力，都是**「戰鬥或逃跑」**這個機制在運作，原因卻不相同。有壓力時，反應的對象是威脅本身，不安則是以可能形成的威脅爲對象。

壓力在我們遭遇危險時會成爲助力，那麼感覺不安又是爲了什麼？考試前保持最佳的精神狀態不是比較好嗎？其實事情沒有那麼簡單。不安，會在我們訂定重要計畫時幫助我們集中精神。因爲要是覺得「船到橋頭自然直」，淨顧著看 Netflix 影片而不用功的話，考上的機率並不會增加。

連不合理的不安都合乎道理

「重要考試如果考糟了怎麼辦？」這樣的不安可以理解，不過還有一種情形是對那種怎麼想都不太可能發生的事感到不安：「萬一飛機掉下來的話……」抱持這種不安的人，大多對於多少可能發生在自己身上的災難——儘管實際上可能性很低——列了一份清單。此外，也有人是摸不著頭緒，總之就莫名感到不安。即便如此，那種不安的感受確實存在，像針扎似地折磨人，就算心裡知道毫無根據，還是擺脫不了。

也有人是不斷自尋煩惱，從歷史的面向來看，這是因爲哪怕只有一點點危險的疑慮，壓力系統——也就是前面提到的**「火災警報器」**就會開始運作的關係。不過在現代，壓力系統也會因爲一些不相干的狀況而無端運作。聊天軟體裡，喜歡的女生沒有如預期那樣給自己回應時，就會想：「她不喜歡我。我這個人一無是處，以後一定也遇不上好對象。」接著爲面對遭團體孤立的威脅，HPA軸便開始運作。

基本上，這和懷疑「草叢裡發出沙沙聲的說不定是蛇」是同樣的情形。爲了能夠即刻逃離現場，HPA軸會有所動作。儘管也可以往好處想「不過是風在吹，不用擔心」，但是以防萬一還是先採取行動。這在我們祖先的時代是非常有用處的，到了現在卻不同。

憂鬱是天然的防護衣？

九十六萬九千五百一十六人，乍看之下還以爲我看錯了，結果沒錯。根據瑞典社會部資料顯示，二〇一八年十二月，十六歲以上有將近一百萬人接受抗憂鬱藥物的治療（譯注：二〇一八年的瑞典總人口爲一千零二十三萬人）。竟然達到成人之中每九人就有一人以上的比例。壽命延長了，身體也變健康了，只要按一個按鈕就能享有全世界的娛樂，但我們的心情卻似乎陷入前所未有的低潮，爲何會變成這樣？

我是一名資訊科技顧問，今年春天在工作上感到極大的壓力，再加上我兒子精神上有些狀況還拒絕上學，那段期間，原來住的公寓還沒賣掉就先買了新房子，經濟上也相當拮据。儘管我睡得不好，也完全打不起精神，還是設法讓自己動起來。到了六月底，總算一切塵埃落定。公寓賣掉了，兒子接受了治療，工作方面也告一段落。

期待已久的暑假，與家人前往西班牙度假兩個星期，沒多久就感覺有些不對勁。我起不了床，腦袋裡像塞滿麥片粥似的。做什麼事都不開心。所有一切感覺漆黑一片，我就只想睡覺而已。所以我一直不斷地睡，一天睡上十四～十五個鐘頭。但即使是這樣，也毫無充分休息的感覺。回國後接受檢查，根據心電圖和抽血的結果，竟然是職業倦怠症——我不明白這是什麼意思，明明已經沒有壓力了！所有事情都獲得了解決，爲什麼現在會憂鬱？

不安是人類特有的現象

HPA軸在貓、狗、老鼠或其他動物面臨壓力和威脅時，同樣扮演重要的角色。只不過，動物運用HPA軸的方法和人類不同，再怎麼努力設法也不可能用「明年夏天，這附近的貓可能會變多唷」這樣的理由去讓老鼠的HPA軸開始運作。另外，大白鯊因為想到「地球暖化的關係，今後十年說不定海豹數量會減少……」而分泌皮質醇的狀況也確實不會發生。但是我們人類，即使是這種假設性的劇本都能啟動HPA軸。「要是考試沒通過？」「如果來不及準備工作簡報的話？」「萬一老婆不要我了？」

推測未來的能力，或許是我們人類所具備最重要的特質，也因為這樣，連不想見到的事物都想像得出來。「說不定」會被炒魷魚、「說不定」會被甩、「說不定」付不出房貸……因為這些原因而啟動了壓力系統，是擁有智力的代價，腦部並無法區分實際與想像中的威脅有何不同。

不安，是讓壓力系統提前運作的結果。身體搶先做好預備動作這件事並不奇特。人坐在沙發上要站起來的時候，為了在站好之前不讓血壓往下掉，必須有一些預備動作，否則會出現暈眩的現象。同樣的狀況，也可以用來解釋不安。這是身體提前啓動了壓力系統。

忐忑不安的人，他們的壓力系統經常處於開啓的狀態，要嘛是經常火力全開，一遇到危險就能馬上應對，不然至少也是能夠即時做好準備的狀態。結果導致身體不停地想動，試圖離開目前所在的地方。比方說，會出現以下的現象：

· **精神不安定**　既不是無聊，也不是因為好奇，就是隱約覺得想做些不同的事。不論去哪裡都好，就是不想待在原地，為了想盡快離開房間便結束會議、為了想離開餐桌而草率吃完飯、或是話要說不說的當中就掛掉電話之類的狀況。

· **身體靜不下來**　肌肉已經擺好「**戰鬥或逃跑**」的架勢。即使眼前沒有需要逃離或拚鬥的對象也一樣。因為就是想動，無法一直靜靜待著。手不斷撥弄著東西、捲繞頭髮玩、抖腳。後頸部和背部持續緊繃著，感覺疼痛。睡著的時候，下巴肌肉會使力、還有磨牙。

· **疲勞感**　持續保持警戒狀態需要能量，於是會消耗大量體力，讓自己精疲力盡，下課或下班回家時完全累癱。

· **腸胃不適**　預備要「**戰鬥或逃跑**」的時候，身體會忽略對食物的消化吸收，以其他功能為優先，因為當自己有可能變成人家的午餐時，進行消化活動根本沒意義。

・**想吐**　你是否嘗試過剛吃完東西馬上使勁地跑步？肚子很飽的時候，並不好跑。所以不安與強大壓力造成的不舒服，就是為了讓人清空腸胃才能快速逃跑或是奮力一搏。有些演員、歌手在登台的頭一天或演唱會之前緊張到想吐，就是這個緣故。

・**口乾舌燥**　身體準備好要應戰時，為了供給更多氧氣和養分，血液會集中在肌肉裡，如此才能盡最大力量去戰鬥。而口中三條唾液腺是藉由血液中抽取水分來分泌唾液，這時候可以用的血液變少了就會口乾。

・**流汗**　試圖逃跑或戰鬥時，身體溫度會升高。流汗，就是為了降溫。所以當我們要盡全力去發揮時，身體便會主動進行冷卻。

發生在我病患身上的憂鬱症症狀，或許讓人覺得有些矛盾。即使從歷史的觀點來看也很奇怪。照理說明明已經因爲不安的作用而存活了下來，憂鬱的人卻變得躲避人群、食欲減退、繭居、沒性欲，不論哪一種行爲，都是在削減自己存活並留下遺傳基因的機率。再者，爲何憂鬱症症狀大多都出現在壓力過去之後？

長期壓力的代價

引發憂鬱的原因之中，最常見的就是長期壓力。對於現在的我們來說，壓力就是焦急地將每天的計畫安排妥當。過去讓祖先啓動壓力系統的，並不是信件滿到爆的信箱，也不是很難搞定的浴室整修工程，而是猛獸、打算殺害自己的其他人、飢餓與感染性疾病。長期暴露在龐大壓力下的人，住在一個危機密布的世界。而這些，也殘留在我們身上。

腦袋是這麼解釋的：感受到強大壓力，代表危險就在其中，所以會下命令叫我們用毯子蒙住頭躲起來。這種時候，腦部是用什麼方法驅動我們去動作呢？當然是「情感」。腦部利用我們的「感受」，試圖讓我們離開充滿危險的環境，藉著讓心情感受極度低落，將我們拉開。

如果腦部是百分之百適應了現代社會，經過長期壓力的磨練之後，照理說個人的實力更能有所發揮，畢竟這位患者的壓力主因不是用毯子蒙住頭躲起來就會解決的。但是對腦部而言，這樣的邏輯推論毫無意義，因爲它就是還沒進化到足以適應現代社會，於是便採取逃離的方式。對腦部而言，壓力就意味著「這裡有危險」。因爲在人類歷史上，這也幾乎是壓力向來所代表的意涵。

「那些不過是推測吧？」會這麼說的人很聰明。有關情感與行爲的進化，輕率地妄下定論是不負責任的。不過關於憂鬱症是腦部爲自我保護、免於涉險的策略一說，有幾項線索可供佐證，其中之一，竟然是我們的免疫系統。

憂鬱症狀——是為了預防感染？

會不會得憂鬱症，某些部分也受到遺傳基因影響，意思不是說有一種**憂鬱的基因**存在，而是由數百個不同的基因分別貢獻部分而來。此外，不是由基因來決定會不會得憂鬱症，只是會讓人變得比較容易憂鬱。研究這些相關的基因之後，發現了令人驚訝的現象。這些會提高罹患憂鬱症風險的基因，同時含有活化免疫系統的事物，也就是憂鬱和免疫力之間，在基因上有超乎預期的關連性。於是研究人員開始想，如此說來，對腦部而言，憂鬱或許是護衛身體免於感染的手段。

各位可能會覺得話題岔得太遠。因爲就算被細菌感染，只要吃抗生素就行了。不過抗生素是個新事物。盤尼西林是在一九二八年被發現，在那之前，即使進入了二十世紀，美國兒童中每三人就有一人活不過五歲。十九世紀末到二十世紀初之間，前幾大死因依序排列是肺炎、流感、結核、腹瀉，全都是感染性疾病。可以想見，回溯到更古老的祖先時代，感染的死亡率更高。狩獵中受了傷，除了大量出血之外，也會有傷口化膿致死的風險。

因此，進化過程中編入了使人體免於受感染的各種防衛機制，再自然不過。其中之一，就是我們重要的免疫系統。此外，像是爲了不要吃進腐壞的食物，會讓人產生強烈厭惡感的**行爲本位的免疫**；或是試圖逃離有感染或受傷風險的機制。這也正是憂鬱與感染性疾病之間的接點。實際上，具有引發憂鬱風險的基因似乎有兩項任務，一是確實讓免疫功能運作，二是與危險、受傷、感染性疾病保持距離，而第二項任務，就能藉由使人憂鬱去達成目的。

不過，基因會活化不是只有在受傷之後，在處於有受傷風險的時候也一樣。如此一來，免疫功能便隨時保持與細菌或病毒對峙的狀態。所謂有受傷風險是指什麼時候？當然就是指我們待在充滿威脅的世界裡的時候。誰會告訴我們已經被威脅所包圍呢？是的，就是強大的壓力。

用言語表達情感很重要

我的病患在持續承受重壓後的休假期間陷入憂鬱，這是因爲他擁有一個試圖保護他免於遭受危險、感染與殺害的腦。躺在飯店的床上，感覺人生有如黑夜似的那一瞬間，他的腦子便在處理過去祖先曾面臨的問題。憂鬱是爲幫助人類而進展至此——儘管我非常明白，這樣的事實完全無法安慰那些因憂鬱而受苦的人。

以精神科醫師身分執業的過程中，我發現到，患者了解自己情感所擔負的任務是很重要的。如果患者明白，不安是要拯救我們於危險之中，或憂鬱是要保護我們免於受感染、避免爭端的手段，那麼也能夠這麼想：

「陷入憂鬱不是自己的錯，只不過是腦部按照進化的步調在運作，因爲過去與現在的世界是截然不同的。」

警告旗

長期壓力可能引發憂鬱症。相較於消化食物、睡眠、心情和性需求來說，身體原本就會以**「戰鬥或逃跑」**爲優先。之所以非明白這件事不可，還有另一個原因。嚴重受壓力影響的人，事實上多半接收過無數次警訊，例如失眠、腸胃不舒服、容易罹患感染性疾病、磨牙、短期記憶力減退、焦慮等，但他們爲何忽視了這些警訊？

我認爲是因爲他們沒有注意到警報器在響，沒想到這些症狀就是壓力，實在非常可惜，如果早一點踩煞車的話，十分有機會不至於走到憂鬱症這個地步。包括憂鬱症在內，與壓力相關的痛苦，預防絕對比治療簡單得多。因此所謂的壓力症狀等，是上天以警告旗（warning flag）姿態現身所施予的恩惠。所謂的壓力原本為何？會出現何種徵兆？明白這些的話，就能及時放慢步調了。

不見得必然是「強者生存」

提高憂鬱風險的基因之中，有一個基因負責管控神經傳導物質「血清素」（serotonin），會讓人容易感受到壓力。以人工方式去除老鼠身上的那個基因後，便增加了抗壓性。究竟爲什麼會有那樣的基因存在？爲什麼進化過程中沒有被去除？恐怕是因爲最強最聰明的人，或是抗壓性最強的人不見得必然可以存活下來。閃避危險與爭端、不要受感染、在總是糧食不足的世界裡不要餓死，這些事情也一樣重要。我認爲如今有這麼多人苦於不安與憂鬱，最大的主因也在這裡，因爲正是那樣的特性讓我們得以存活下來。

人類情感所擔負的任務、不安與憂鬱，左右了人類的生存率、身體的壓力系統在危險的世界上爲保護我們而進化至今等，不知各位是否都能明白了？接著，就來看看這些基本條件對現代網路社會有什麼樣的影響。

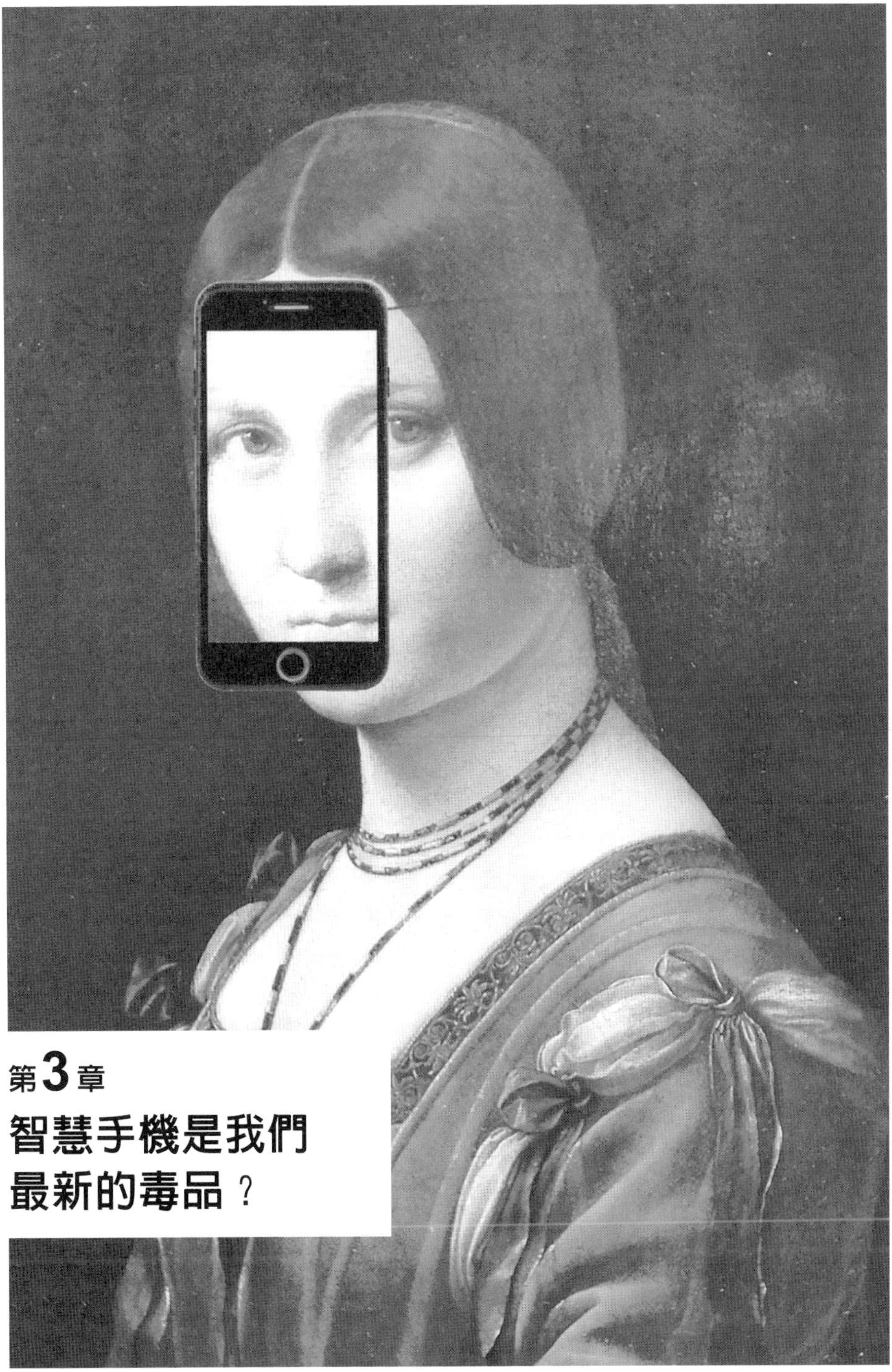

第3章 智慧手機是我們最新的毒品？

該如何盡可能長時間博取他人的關注呢？

戳中人類的心理弱點就對了，就是給他打那麼一點點多巴胺。

——西恩．帕克（Sean Parker，臉書前執行長）

即使你的手機不在目光所及之處，你應該也很清楚它在哪裡吧？否則大概也沒辦法專注在這篇文章上。早上起床第一件事就是把手伸向手機，一整天所做的最後一件事則是把手機放在床邊桌上。我們一天之中接觸手機的次數是二千六百次以上，平均每十分鐘會拿一次手機。醒著的當中不間斷，不，光是醒著的時候似乎還不夠，據說每三人之中就有一人（十八～二十四歲則有半數）即使在半夜，也至少會醒來一次確認手機訊息。

當一個人失去手機，他的世界就會崩塌。我們之中有四成的人認爲，比起一整天沒有手機可用，寧可失聲說不出話還好一點（而且眞的是這樣）。不論在哪裡——路上或咖啡廳、餐館、公車上、晚飯餐桌上、甚至健身房裡，環顧四周，人人都緊盯著自己的手機瞧。姑且不論好壞，這已經成爲依賴。手機上的畫面是如何使這個世界墮落至此？爲了了解這件事，讓我們再次一窺腦中玄機。

多巴胺的任務

如果要選出一種腦內傳導物質來寫書的話，我會推薦**多巴胺**。想知道爲何手機會成爲如此具有吸引力的東西，這也會是個不錯的主題。多巴胺常被稱爲是犒賞物質，事實上還不僅僅如此。多巴胺最重要的任務不是振奮我們的精神，而是讓我們選擇專注在哪件事情上。總而言之，可以說是人類的原動力。

肚子正餓的時候看見食物上了桌，光是這樣就能增加多巴胺分泌量。也就是說，並不是在吃的過程中才分泌。爲了讓你選擇吃下那個食物，多巴胺會在你耳邊小聲地說：「來吧！專注在這上面。」如果說相較於賦予滿足感，多巴胺其實是在促使我們採取行動的話，那麼滿足感究竟從何而來？這似乎是由**「體內荷爾蒙——腦內啡」**（endorphins）來擔負重任的。多巴胺會驅動我們去吃眼前的美食，不過讓我們覺得美味的卻是腦內啡。

腦部的獎賞系統與壓力系統一樣，都是歷經幾百萬年發展至今。無論對哪個系統來說，現代社會都是個未知的世界。獎賞系統方面，多巴胺負責執行重要任務，驅動人類存活並留下遺傳基因，也就是透過飲食、與他人互動——對於像人類這樣的群居動物來說很重要——還有，因爲性行爲而使多巴胺分泌量增多，這些都不足爲奇。只不過，手機也會增加多巴胺的分泌量。這也是聊天室訊息一跳出來，人們就被一股想要查看的衝動所驅使的原因所在。手機，就是直接駭入無數個獎賞系統的基本結構中。且讓我們進一步看個分明。

腦部總是喜好新事物

如果從進化的觀點來看，人們渴望求知並不稀奇，因爲對周遭了解得更深入，有助於提高生存機率。天氣變化如何影響獅子的出沒、羚羊在哪種狀況下最沒有防備？知道這些的話，既能提高打獵的成功率，又能避免成爲猛獸的盤中飧。

對周遭環境知道得愈多，存活的機率就愈高——其結果，大自然給予了人類探求新知的本能。本能背後的腦內物質是什麼？相信你已經知道了。沒錯，是多巴胺。只要一學習新事物，腦部就會釋放多巴胺。而且不只如此，因爲多巴胺，人類會想要學得更深入。

我們的腦袋不單單只想要獲得新知，也渴望了解新環境或剛發生的事。腦中有一種細胞只對新事物有所反應並釋放多巴胺，對於已經熟知或像是「自家門前那條馬路」之類的事便無動於衷。只要一見到例如像生面孔這樣的新事物，那細胞就會一鼓作氣動起來，見到令人情緒起波動的事物時也是一樣。

對於新知、**新環境**有所渴望並產生多巴胺的細胞，它的存在就意味著我們的腦部一獲得新知便能得到獎賞。人類想要找尋新穎、未知事物的那種衝動，都已牢牢內化在體內，人類便是誕生於這樣的狀態下，像是「想去新的地方看看」「想見見新的人」「想嘗試新事物」這樣的欲望。我們的祖先生活在常常欠缺糧食與資源的世界，想必是這樣的渴望，驅動人類出發前往尋求新的可能性吧。

把時間往回推到數十萬年前，假設有兩名永遠在挑戰找尋食物這項課題的女性好了。有一位有著找尋新事物——新地點或新環境——的衝動，另一位則沒有。前者找到食物的可能性應該比較大吧？因爲走動得愈勤快，發現食物的機率就愈高。

那麼快轉到你我所生活的時代來看看。腦部基本上和過去一樣，對新事物的渴求依然存在，不過那不是只想看看新地點而已，而是渴求電腦和手機傳送過來的新知識和新資訊。每當滑動手機或電腦上的頁面，腦部就會釋放多巴胺，結果使得我們熱愛點擊動作。而且實際上比起現在正在看的頁面，更著迷於**下一頁**。以時間來計算，網路上的那些頁面有五分之一左右，我們的目光只停留四秒鐘不到，花十分鐘以上去看的頁面只占四%而已。

獲得新資訊——不論是從新聞網、電子郵件或社群媒體都一樣——腦部的獎賞系統，就會像我們祖先當時發現新地點或新環境時一樣開始運作。由於想要回報的**獎賞尋求**行爲與希望獲得資訊的**資訊尋求**行爲在腦中關係密切，有時候二者幾乎難以區分。

熱愛「說不定……」的腦部

讓獎賞系統激烈運作的，不是金錢、食物、性愛、認同或新體驗，而是對這些事情的**期待**，再沒有什麼比「可能發生什麼事」這樣的期待更能驅動獎勵中樞了。一九三〇年代的研究中，有個一按操縱桿就會有飼料掉出來的實驗，老鼠按操縱桿次數多的，是那些設定爲偶爾才有飼料掉出來的裝置，其中按得最頻繁的，就是飼料出現機率介於三~七成之間的設定。

經過二十年後，科學家也用猴子做了實驗。當猴子一聽到某個聲音，裝置就會流出一些果汁來。猴子的多巴胺分泌量是在聽到聲音的那個時間點增加，甚至比喝果汁的時候多更多。藉這個實驗可以知道，多巴胺並不是讓人快樂的**犒賞物質**，而是要告訴我們應該集中注意力在哪件事情上。此外還發現，即使聽到了聲音，反而是果汁偶爾才流出來的狀況會讓多巴胺分泌量增加更多。以頻率來說，每兩次流出一次的時候所釋放的多巴胺量最大。

在老鼠身上看到的現象，猴子身上也有，同樣的狀況也可以用來說明人類。來看看讓受試者抽牌以獲取獎金的實驗。當他知道每次抽牌都一定有獎金的時候，多巴胺增加的量就不像無法確定能否得到獎金時那麼多。正如同老鼠和猴子一樣，多巴胺分泌量增加最多的是在每兩次就有一次的頻率下。總之，對腦部而言，得到的**過程**才是目標，而這個過程是建立在對於不確定的未來所抱持的**期待**上。

相較於不確定，不是應該比較喜歡確定的事物嗎？為什麼腦部給予不確定的結果更多的多巴胺做為獎賞呢？雖然答案沒有百分之百的確實證據，不過可信度最高的說法是：**「因為多巴胺最重要的課題，就是給予人們採取行動的動機。」**

「或許……」讓人想用手機

請想像一下，你的祖先站在一棵只會偶爾結果的樹前。由於在樹下看不到樹上究竟有沒有結果子，非爬到樹上才行。如果爬上去什麼也沒有的話，一定得要再爬上其他樹看看。即使失敗了也不放棄的人，終會找到高卡路里的甜美果實有所回報，存活的機率也會增加。

自然界有很多事天意難料，偶爾才結果的樹就是個很好的例子。事先並不知道能不能得到回報，因為結果不確定而使多巴胺分泌量急速增加，應該就是與看見新事物同樣的道理。儘管不知道能否獲得報酬，我們依舊繼續尋找。因為這樣的衝動，生活在糧食不足的世界裡的祖先，才能發現有限的資源並加以運用。

隱含在人體內對不確定結果的偏愛，到了現代便引發出一些問題，例如：迷上吃角子老虎或上了賭桌無法自拔，即使心裡明白賭博這件事長期來看都是賠錢，還是陷了進去。的確，單純當成娛樂是有它的魅力沒錯，只不過也確實有人沒拿捏好分寸而賭博成癮。因爲腦部的獎賞系統對於不確定的結果給予如此多的獎勵，賭博的不確定性應該也會讓人覺得魅力無窮，滿腦子就想著：「讓我再玩一局撲克就好，這次應該就會贏了。」

巧妙利用這個機制的不只有遊戲公司和賭場，電子郵件或聊天室訊息的通知鈴一響就讓人想拿起手機，也是因爲這個緣故。或許有什麼重要通知……大多數時候，聽到通知鈴聲時所分泌的多巴胺量，要比實際閱讀郵件或聊天室訊息的時候還要多。我們對於「『或許』很重要」感到強烈的渴望，心想「只要看一下就好」便拿起了手機，而且次數很頻繁，醒著的時候一直都是這樣，每隔十分鐘一次。

煽動獎勵中樞的社群媒體

除了遊戲公司和手機製造商之外，巧妙利用人們對不確定結果偏愛的還有其他企業，也就是社群媒體、社群網路服務。臉書、Instagram 和 Line 讓人們拿起手機，興起欲望想看看有沒有什麼重要更新，或確認一下有沒有人按「讚」。再加上獎賞系統被激發到最高點時，便滿足了人們在數位世界裡的認同需求。你度假相片上的「讚」，事實上並非某人在點擊「豎拇指符號」的瞬間同時出現。臉書和Instagram可以延遲豎拇指符號和愛心符號出現的時間，這麼做是爲了等待我們的獎賞系統被推上最高峰。用分散的方式每次一點一點給予刺激，可以讓人們對數位式獎勵的期待達到最大值。

社群媒體的開發者對於人類的獎賞系統研究透徹，也非常清楚腦部偏愛不確定結果，還有怎樣的頻率效果最好。同時他們還具備創造驚愕瞬間的知識，讓人無時無刻都想拿著手機。「說不定有一個『讚』了？來看看吧！」這樣的想法就和「讓我再玩一局撲克就好，這次應該就會贏了。」是同樣的機制。

這樣的企業，大多都雇用了行爲科學與腦科學專家，他們的App（應用程式）極具效益地直接命中腦部獎賞系統，以達到讓使用者高度依賴的極致。就營利這層意義來說，確實是已經成功地駭入了我們的腦部沒錯。

矽谷內滿是罪惡感

似乎愈精通科技的人愈明白它的魅力已經超出尺度，是該限制一下比較好。有位三十多歲的美國人賈斯汀．羅森斯坦（Justin Rosenstein）決定限制自己使用臉書的時間，Snapchat則是完全斷絕不再用。他說，因爲在依賴成癮這方面堪比海洛英。爲了在手機的使用上有所節制，他甚至還安裝了原本是家長爲限制小孩使用手機的應用程式。

什麼樣的人會得手機成癮症？

平均來說，我們一天使用手機的時間是三小時，當然也有人多或少於這個時間，至於其中手機使用最頻繁者的共通點是什麼呢？根據近七百名大學生的使用習慣調查結果，受調查者有三分之一對手機依賴的程度是即使到半夜也握著不放，因此白天都疲倦不堪。「重度使用者」之中多數有A型性格傾向（譯注：易怒、近乎攻擊性的積極度、活力旺盛的性格），自尊心低，但是爭鬥心強，是讓自己暴露在重大壓力下的人。至於性格溫和大方，具備沉穩人生觀的人──B型性格者──基本上比較不那麼依賴手機。

羅森斯坦的行爲令人玩味，因爲他就是那個開發臉書按「讚」功能的人。也就是說，「豎拇指符號」的關鍵人物覺得自己創造的東西魅惑人心過了頭。某次採訪中，他略帶悔意似地表示：「開發商品時理當要盡最大努力，至於它會帶來令人意想不到的不良影響──則是後來才察覺到的。」

有著如此看法的，在矽谷並不只有他一人。參與 iPod 與 iPhone 開發的蘋果公司幹部東尼·法戴爾（Tony Fadell）對於電子產品螢幕讓孩子們沉迷其中也持相同意見。「會讓人冒出一身冷汗從夢中驚醒。心想，我們到底做出了些什麼東西來？當我要取走我家孩子手中的螢幕時，他的表情簡直像我要奪走他身上的一部分似的，然後變得很情緒化，而且是激動的。在那之後的幾天裡，都是一副悵然若失的樣子。」

資訊科技業高層不給孩子用智慧手機

資訊科技業高層人士，對於自己開發的產品有著複雜的感受，其中最具代表性的就是蘋果公司創始人史蒂夫·賈伯斯的軼事。賈伯斯在二〇一〇年初於舊金山舉辦的產品發表會上頭一次介紹**iPad**，風靡全場。「爲你帶來網路操作上獨特的可能性，它的存在令人驚豔、無與倫比。」他給予**iPad**至高的讚譽。

但是他卻沒有提到——對自己小孩的使用抱持著審慎態度。儘管他已經察覺到這東西讓人產生的依賴性實在是太高。《紐約時報》記者某次採訪賈伯斯時曾經問到：「您家中的牆壁上應該都掛滿了螢幕和**iPad**吧？晚餐聚會裡，會用**iPad**代替小點心發給賓客嗎？」對此，賈伯斯表示：「我連把**iPad**擺在身邊這種事都不會去做。」接著提到自己嚴格控制螢幕使用時間的事。記者大表震驚，指稱賈伯斯爲**低科技父母**。

科技會給我們什麼樣的影響？像賈伯斯一樣精準洞悉眞相的人很少。不過十年之中，賈伯斯已經推出好幾項產品上市，讓我們改變了對電影、音樂還有新聞報導的消費方式，溝通交流工具就更不用說了。然而他對自己孩子的使用持謹愼態度的這項事實，比其他研究結果或報章專欄更能說明一切。

在瑞典，二～三歲的孩子當中，每三人就有一人每天使用平板電腦，這些孩子根本連可以好好把話說清楚的年紀都還不到。另一方面，史蒂夫·賈伯斯十幾歲的孩子則被嚴格控管 iPad 的使用時間。賈伯斯領先眾人的腳步，不只在科技產品開發上如此，在這些東西對人們造成影響的看法上也是。

在這些擁有絕對影響力的資訊科技業高層中，史蒂夫·賈伯斯並不是極端特例。比爾·蓋茲說他在孩子十四歲之前不讓他們使用手機，而現在瑞典的十一歲兒童有九十八%擁有個人手機。換句話說，比爾·蓋茲的孩子則屬於那沒有手機的二%。可以肯定的一點是，蓋茲家絕不是因爲沒有閒錢可以買手機。

輕易就被數位世界的旋轉木馬繞得暈頭轉向

假設你正在公司寫一篇文章。聽見聊天室訊息通知鈴聲，一股衝動驅使你想伸手去拿手機，心想「說不定」是什麼重要的事。結果還是拿起手機，順便快速查看一下剛剛貼上臉書的照片有沒有增加新的「讚」數。跟著看到有人分享一則新聞，上面寫說你所住的區域近來犯罪率升高。你點擊進去看了幾行之後，這次換帆布運動鞋的拍賣連結跳進視野，原本打算粗略地看一下，卻被好友在 Instagram 上的新貼文通知給打斷。就這樣，把剛才寫到一半的那篇文章拋到九霄雲外。

這種時候，你的腦部不過是依照數十萬年進化而來的功能在運作，對於聊天室訊息通知這種不確定的結果，給予分泌多巴胺的獎賞。也因爲這樣，興起想看手機的強烈欲望。腦部試圖想找尋新的資訊，尤其是像犯罪事件報導這種訴諸情感、與危險息息相關的資訊。而應用程式的訊息通知，讓人眞實感覺到與社會脈動相連。腦部也試圖讓你全神貫注在「他人對你發出的訊息如何反應——貼文上的『讚』」。

因爲腦部這個原本屬於求生策略的機制，人類一次又一次撲向數位世界的獎賞。即使因爲這樣而阻礙了自己寫文章，你的腦子卻一點也不在意。因爲腦部的進化不是爲了要寫文章，是爲了讓祖先得以存活下來。

各位應該已經明白手機駭入腦部的機制，還有遠離手機爲何如此之難。手機擄掠我們的那股魔力，究竟讓人類受到什麼樣的影響？下一章就來看看吧。

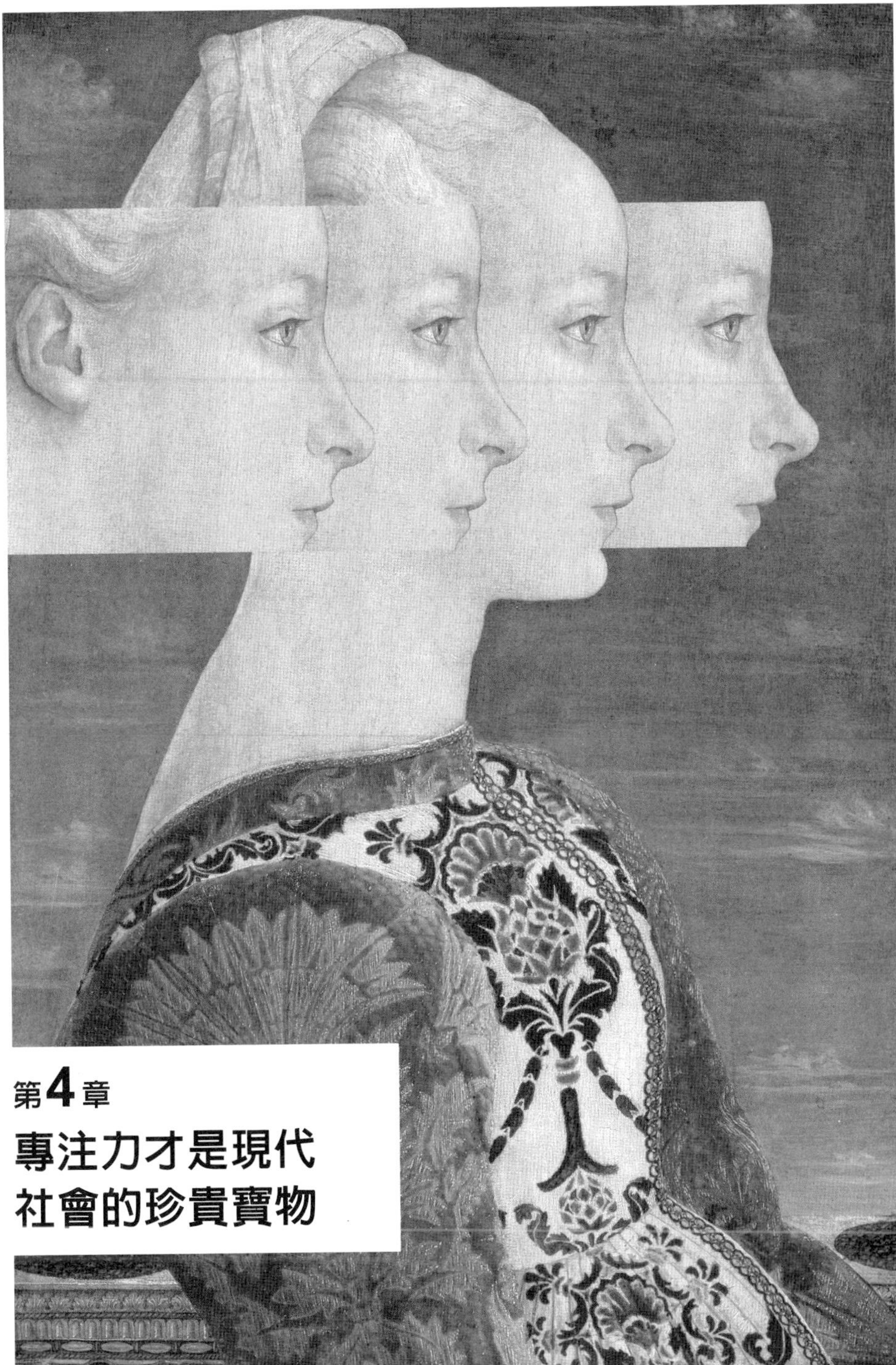

第4章
專注力才是現代社會的珍貴寶物

人類並不擅長多工。

說自己很拿手的，不過是自欺欺人罷了！

——厄爾・K・米勒（Earl K. Miller，麻省理工學院神經科學教授）

最近這幾年，你是否注意到自己想要一次同時做好幾件事？不是只有你這樣而已，就連我，也是很難專注地好好看一場電影。通常當自己意識到時，手已經伸向了手機，想知道是不是有新郵件，就這樣一邊跟著電影情節走，一邊滑著手機停不下來。

在現代的數位化生活中，我們常會想要同時進行很多件事，也就是多工（multitask）。史丹佛大學研究員做過這樣的研究，他們調查那些擅長多工的人在講究思考力的問題方面到底表現得有多優秀。他們召集了近三百名受試者，有一半的人自認爲一邊讀書一邊上線瀏覽網頁也絕對不成問題，另一半則是喜歡每次只處理一件事。經過幾項針對受試者專注力的測試後發現，多工派的那群人比較不擅長專注，而且是「相當」不擅長。其中，他們無法篩選出不重要的資訊並予以忽略。換句話說，無論在任何事情上都是精神渙散的。

在默背一長串字母的實驗中也一樣，多工派的記憶力測試結果令人惋惜。不過這些研究人員相信「總該有一些是他們擅長的吧？」，於是決定測試他們不斷從這項課題切換到另一項課題的能力，也就是「多工」能力的測試。然而就連這項應該是他們擅長的部分，多工派的成績還是很糟糕。

多工的代價

腦部雖然具有同時處理大量工作程序這種令人難以置信的優異能力，在智能的處理能力上卻有一個明顯受限的領域，就是**專注力**。我們一次只能專注在一件事情上，即使自以爲同時進行著多項工作，實際上做的卻不過是在它們之間來來回回而已。你或許覺得自己可以一邊寫郵件一邊聽課很了不起，其實你只是在兩項工作之間不斷切換專注的對象罷了。如果只是切換專注的對象，的確只需要零點一秒左右極短的時間，不過問題是腦袋依然停留在剛剛那件事情上。即使將注意力轉回到郵件，腦部有一部分的處理能力還在聽課，當注意力從郵件再轉回來聽課時也是同樣的情形。

腦部需要切換的時間，停留在之前那項工作上的狀態，專業用語稱之爲**注意力殘留**（attention residue）。即使在郵件上只花了幾秒鐘，實際損耗的時間卻比這幾秒鐘還要多。雖然無法確定切換的時間長度，不過透過某項實驗得到一些參考值。據說切換掉原先專注的目標之後，回頭要再達到百分之百的專注得花上好幾分鐘才行。

只不過，倒也不是所有人都不擅長多工。現實生活中也有人是可以同步進行多項工作，就是僅僅那麼一小撮被稱爲「超級多工高手」的人。一般認爲，具備這種特質的人只占總人口的一～二%。總之，除此之外的多數人腦部並無法像那樣運作。純屬閒聊，據說女性基本上在多工方面表現得比男性更傑出。

腦部效能愈差時，愈會自我獎勵

原本打算同時進行多項工作，但實際上專注力如果只是從這項跳到那項去的話，腦部的運作效能的確不會很好，簡直像個把球全都掉落地上的三流雜耍藝人。如果這時候腦袋會勸告我們停止多工的話倒也還好，卻又不是如此。它反而是提供多巴胺以作爲進行多工的獎賞，讓人心情愉悅。也就是說，腦子硬是要我們做些使效能變差的事。這到底是爲什麼？

因爲在多項工作間切換並轉移專注對象而使得心情愉悅，這是由於我們的祖先必須迅速應對一切外來的刺激，調整備戰狀態的緣故。僅僅一個小疏忽都有可能危及性命，所以絕對不能錯失任何事。這裡也同樣是秉持**「火災警報器原則」**，分散注意力，對眼前出現的一切事物即刻反應，在那個有半數人口死於十歲之前的危險年代，這會帶來決定性的差異。我們的腦部就是這樣進化而來。給予多巴胺這樣的獎賞讓人進行多工處理，輕易地分散注意力。而我們如今也樂於順應這樣的機制，但同時也要爲此付出代價。

有限的工作記憶

多工不是只有讓專注力下降，對**工作記憶**（working memory）也有影響。所謂的工作記憶，就是用來將腦中現有事物留存下來的「智能工作檯」。假設你現在要撥一通電話好了，號碼寫在便條紙上，你看著紙條記下那些數字，然後撥號。數字就在你的工作記憶裡，它與專注力一樣受到相當的限制。因此許多人的腦袋只能記下六或七碼。像我也記不了那麼多，每次都得爲了要一再確認電話號碼或郵件信箱正不正確而感到煩躁。

某項實驗中，在螢幕上接連顯示一些句子，讓一百五十位青少年觀看，其中也有一些習慣多工的年輕人在內。螢幕上出現的句子有寫得很正確的（像是「早餐吃了起司三明治」等），也有隨便亂寫的（像是「早餐吃了一盤鞋帶」之類的），任務就是要回答哪個才正確。或許有人覺得輕而易舉，不過必須回答得很迅速才行，而且句子只會出現兩秒鐘。再加上，螢幕上還會出現一些讓人分散注意力的資訊，必須對它們視而不見。想要達成任務，工作記憶非得確實正常運作不可。

結果究竟如何？平時慣於多工的那些年輕人，結果很糟，也就是他們的工作記憶效能低落，尤其不拿手的部分是必須忽視那些出現在句子旁邊的「分散注意力的資訊」。此外，也發現了多工派的額葉運作活躍。額葉最重要的任務，就是保持專注力。所謂額葉必須努力運作的情況，打個比方來說就像這樣：強壯的人單手就能提起椅子，不夠強壯的就得雙手並用才抬得起來。多工派的人爲維持專注，必須將智能集中在額葉。而且儘管他們的額葉那麼地勤奮，多工派的測試結果還是很糟糕。

進行實驗的研究人員做出以下結論：頻繁進行多工處理的人，似乎不擅長挑揀出那些枝微末節的部分並加以忽視。也就是說：「注意力經常渙散的人，他們的腦部幾乎肯定不會在最佳狀態下運作。」

即使是靜音模式，手機依然造成干擾

無論是專注力還是工作記憶，似乎只要我們想同時進行多項工作時就會受到不良影響。相信你現在一定認爲，那麼就關上筆電、將手機轉爲靜音模式放進口袋裡就行了，但事情沒有那麼簡單。如同前一章也提過，手機具有驚人的魔力可以吸引人們注意，那威力之強大，光是收進口袋裡也無法抵擋。

調查五百名大學生的記憶力與專注力後發現，將手機放在教室外的學生，比切換爲靜音模式的學生表現得更好。就連學生自己也沒想到手機放在身上會造成影響，測試結果卻說明了一切。光是放在口袋裡，專注力就會受干擾。同樣的現象在其他多項實驗中也可見到。其中之一是讓八百人在電腦上做一些需要專注力的題目。結果，將手機放在其他房間的受試者比手機轉爲靜音模式並放在口袋裡的人，成績更好。這項實驗報告的標題，其實已經點明了實驗的結論——「腦部是脆弱的——哪怕智慧手機的存在只有那麼一點點，認知能力的容量都會縮減」。

也有實驗是採用「快速找出隱藏在螢幕上的好幾個句子」這種需要專注力的題目，進行該實驗的日本研究人員也做出相同的結論。一半受試者的螢幕旁擺放了一支手機，不過手機不是他們的，也被交代了不能碰。剩下的一半，他們桌上則是放了小記事本。結果呢？分配到記事本的受試者解題解得比較好。看來，手機光是擺在那裡就會奪走專注力了。

光是連結就會讓人分神

似乎是我們的腦部在潛意識裡感受到口袋中那支手機的數位魔力，於是將智能的處理能力全都耗費在「要忽視手機」這件事上，結果沒辦法發揮原本的專注力。仔細想想，倒也沒什麼好奇怪。因爲多巴胺會告訴我們的腦袋，哪些事情重要、應該專注在哪些事情上。一天之中會讓我們釋出好幾百回多巴胺的手機，就是會令人不得不在意。

相信你一定也察覺到了，這種刻意要忽視某項事物的作法，其實是積極強迫腦部運作的行爲。你因爲和朋友喝茶聊天，將手機放在桌上，說不定還爲了不要分神，刻意將螢幕朝下放置。然而即使是這樣，還是有股衝動想拿起手機，除非要有所覺悟，告訴自己絕對不能碰才行。這沒什麼好驚訝的。爲了忽視這個讓多巴胺在一天之中不斷少量釋出好幾百次的東西，非得瓜分一些腦部的智能容量出去不可。

當腦部使盡全力去對抗手機的魔力時，能爲其他事運作的容量就會減少。如果是處理那些不太需要專注力的事務，應該沒什麼大問題，但是在眞正非專注不可的時候，問題就出現了。美國的某項研究中，讓受試者參加需要專注力的艱難測驗。部分受試者在測驗過程中會接到來自實驗主持人的郵件或電話，但並沒有要他們回答些什麼。可是結果這些接到郵件或電話的受試者在測驗中錯了很多題，答錯的部分高達三倍之多！

還有其他實驗，也看得到同樣的影響。讓人在電腦上先讀一篇以一般Word形式書寫的文章後，再讓他們讀另一篇文章，文中有幾處用語設定爲超連結，可以點擊連到外部網頁去。之後，再針對剛才所讀的內文對他們提出問題。結果發現有超連結的那篇文章，他們比較不記得內容是什麼。可是他們根本連超連結都沒有點進去，多半是因爲腦部在過程中持續處於必須決定「要不要點進去？」這種狀態的緣故。每次在做這些小決定時，都會使用腦部智能容量，而降低了有限的專注力和工作記憶。不要伸手去拿桌上的手機、不要去點超連結，這兩種作業都一樣是需要腦部分割一些處理能力。

反覆訓練讓注意力更加渙散

或許你認爲暴露在極大量的資訊下可以訓練自己提高專注力？因爲手機而分神的狀況應該也會漸漸習慣並改善？就像藉由慢跑或肌肉訓練可以鍛鍊肌肉那樣。問題是，一般人的腦部是逆道而行的。令人分神的事物愈多，注意力愈散漫。

時常受到數位式的干擾，在專注力方面似乎也會變得愈來愈脆弱，說不定這就是近幾年有那麼多人即使不用網路的時候也無法專注的原因。我自己也是愈來愈不容易集中精神好好地讀一本書。只是將手機轉爲靜音沒有用，想要專注就必須將它放到其他房間去。而且就算做到那種地步，也很難再像十年前那樣盡情沉浸在書本裡，一讀到需要專注的那一頁，就被一股想要拿起手機的衝動慫恿。似乎已經無法像過去那樣心無旁騖地專心做事了。

相信許多人都有類似的經驗。當這個令人注意力分散的東西成爲理所當然的存在時，即使它不在的時候，我們也會感受到強烈的渴望。現代社會中，專注力已經成爲珍貴的寶物。不過那個說到我們人類**注意力持續時間**（attention span）從十二秒降爲八秒，比金魚還要低的說法——幸好是編造的。

手寫筆記勝過ＰＣ

對於手機的使用尤其要愼重的，是在學校或大學課堂上，在那裡會遭受威脅的不只有專注力與工作記憶，長期記憶的建構能力也會受到不良影響，因爲手機或筆電光是擺在一旁就會讓學習能力下降。

某項研究中，讓兩組大學生上同樣的課。其中一組是可以帶自己的筆電進課堂，另一組則禁止。調查一下這些帶筆電的人在課堂上做了些什麼，結果是瀏覽了好幾個與課堂相關的網頁、順便又看了一下郵件和臉書。上完課之後，用過筆電的學生對課堂內容的記憶不如另一組。爲了確認不是因爲學生的個人能力問題，同樣的實驗另外又找了兩組來進行。結果也是一樣，沒帶筆電那一組的學習成效比較好。

如此說來，不是只要禁止在課堂上點開臉書就好了？當然，這樣確實是會有效果。可是除了會讓人忍不住點進一堆社群媒體之外，筆電似乎還是會影響人類的學習機制。在美國的一項研究，讓學生看TED talks影片，一部分學生拿紙筆、另一部分則是用筆電做筆記。結果寫在紙上的學生對內容有著充分的了解，儘管不見得一定是記住最多細節的，卻是對影片主旨了解得最清楚的。這份研究報告有個事實勝於雄辯的標題——「筆更勝於鍵盤——手寫筆記超越電腦的優勢」。

雖然無法正確得知這究竟是基於什麼原理，但根據研究人員推測，或許是因爲用筆電記錄的話只要直接鍵入聽到的內容。但是手寫，因爲速度比不上敲鍵盤，必須決定要優先記錄哪些內容。也就是說手寫的時候，接收到的資訊必須先經過處理，讓內容變得更容易記錄吸收。

令人玩味的是和手機在一起的時間愈長，分神的情況愈嚴重。帶著手機聽演講的人，相較於那些將手機放在會場外的人來說，剛開始的十五分鐘左右，理解度都差不多，但是後面從演講中能擷取到的訊息就愈來愈少。認眞聽了十五分鐘之後，專注力當然很容易中斷，而手機可能就是壓垮你的最後那一根稻草。

建構長期記憶需要專注力

學些什麼東西，也就是建構新記憶的時候，腦部細胞之間的連繫會起變化。要製造短期記憶——短暫停留的記憶，只需要強化腦部既有的細胞之間的連繫即可。但是要建構幾個月、幾年或是一生留存的長期記憶，過程就複雜許多。因爲必須在腦細胞之間架起新的連結。要讓記憶長久維持保存，非得合成新的蛋白質不可。

不過，光是新的蛋白質還不夠。記憶要長期保存，必須反覆放出訊息讓它通過那些新建構的細胞間的連繫，並藉此加以強化。這對腦部而言是個大工程，也需要能量。建構新的長期記憶，以專業用語來說稱爲**記憶固化**（memory consolidation），是腦部最耗費能量的一項工作，這也是我們在睡眠之間進行的處理過程，之後還會爲各位說明，是人類需要睡眠的一個重要原因。

固化是如何進行的？我們進一步來看看。首先我們要專注在「某件事情」上，藉此告知腦部「這是重要的事」，而且是值得投注能量、值得建構長期記憶的。換句話說，如果不是積極地關注「某件事」，這個處理過程就不會運作。想不出昨天下班回來後把鑰匙放在哪裡了，就是因爲你當時不專注，腦袋想著別的事。腦部沒有收到「這很重要」的訊號，所以不會記下放鑰匙的地方。於是隔天一早，你要在家裡四處翻找。

這同樣可以用來說明在吵鬧的房間裡準備考試。由於無法專注，腦部也收不到「這很重要」的訊息，你所讀的內容也就記不住。換句話說，記憶下來的資訊也必須要可以想得起來才行。如同前面所說，**記憶**非得要專注不可。接著下一個步驟是將資訊納入工作記憶中，然後腦部才能開始**固化**並建構長期記憶。然而當我們從Instagram、Line、推特、電子郵件、新聞快報再到臉書一個個接著滑下去，不斷給腦部輸入一些印象時，將會妨礙資訊轉換爲記憶的過程，因爲有各式各樣的干擾會進入。

連續不斷湧進新資訊的話，腦部除了沒有時間專注在特定資訊上之外，有限的工作記憶也會被塞滿。開著電視一邊讀書，再加上滑一下手機，腦部要花力氣處理所有資訊，也就沒辦法建構新的長期記憶，所以便無法記住讀過的內容。

當你在這種數位化的娛樂之間來來去去時，很容易誤以爲自己吸收資訊的效率很高。這一切不過是表象，資訊並不是眞正進入了腦袋裡。儘管如此我們還持續做著同樣事情的「原動力」，就是因爲喜歡這麼做。沒錯，是因爲分泌了多巴胺。

長期記憶的建構能力究竟遭這些數位化的（不良）習慣脅迫到什麼樣的程度？某項實驗中，讓學生依自己的步調讀完一本書中的一個章節，然後再針對內容向他們提問。經過安排，受試者中有一部分會在讀到一半的時候接到手機的訊息通知，而且是非得要回覆才行。由於回訊息需要時間，這些人花了比較多時間才讀完文章。之後雖然發現所有人記得的內容都差不多，但是那些回覆訊息的學生在閱讀上花了相當長的時間。即使扣除了他們從讀取訊息到回覆完畢的時間之後，同樣閱讀一個章節還是用掉較多的時間。

總之，要將專注力完全拉回到原本讀了一半的地方，需要**切換的時間**。讀書過程中回覆郵件或訊息的話，要記下所讀的內容就更耗時，即使扣除用在手機上的時間也一樣。工作或準備考試時打算進行多工作業的人，換個說法來解釋，就是欺騙自己兩次，除了理解力變差之外，還更費時。如果要確認訊息或郵件，例如先決定好一個小時花幾分鐘而不要頻繁地拿起手機來看，或許會是個好方法。

腦袋最愛走捷徑

腦部是身體當中最需要能量的器官，以成人來說，需要總消耗能量的二成，十幾歲的年輕人則需要三成，新生兒則據說有五成的能量都耗費在腦部。現在只要你想要，隨時都能讓身體補充卡路里，石器時代的話就辦不到了。爲此，腦部也和身體其他部分一樣會節省能量，盡可能有效率地執行一切任務。總而言之，就是走捷徑。尤其是關係到記憶的時候特別會這樣，因爲建構記憶要消耗能量。

這在數位化社會裡，導致了必然的結果。某項實驗中，讓受試者聽取一些有關各項事實的文章，並要他們一篇篇打進筆電裡。有一部分受試者被告知這些資訊之後會留在筆電上，一部分則被通知說會刪除。文章全部打完後，要他們盡可能就所記得的內容複誦一遍。結果那些認爲資訊會留下的人所記得的量，比認爲會被刪除的人還要少。

腦袋似乎是這麼想的：反正會保存下來，何必非得爲它耗費能量？沒什麼好驚訝的。既然一部分工作可以讓電腦分擔，肯定就是這麼做了。一旦知道會被保存下來，與其記住那些內容本身，還不如記住它的所在位置就好。根據另一項受試者用Word寫入文章的實驗，讓受試者將一篇文章存爲一個檔案，再分別存入不同的資料夾中，可是到了隔天，他們就不太記得文章內容了，反倒是只記住哪個檔案存在哪個資料夾裡。

谷歌效應──資訊無法成為記憶

所謂的**谷歌效應**（Google Effect）或**數位失憶**（Digital Amnesia），就是指資訊被保存在其他地方的時候，腦部便不會主動想要去記住的現象。而且比起資訊本身，腦部會優先記憶資訊留存的「位置」。然而，不光只是想不起這些資訊而已。某項實驗讓受試者參觀美術館，要他們從中挑幾幅畫作拍照，其他則看過就好。隔天，再讓他們看一些畫作的照片，其中也參雜了幾張美術館內沒有的作品。題目就是要他們回想一下，這些照片與美術館內的畫作是否一致。

後來發現到，他們沒有拍攝下來的畫作都記得很清楚，有拍攝的則不太記得。如同不會想要記住存檔在筆電內的文章一樣，已經拍攝下來的東西也就不打算留存爲記憶了。我們的腦袋會走捷徑，「因爲照片上就看得到，不用存在記憶裡也無所謂吧？」

那麼，我們爲何需要具備一些知識在腦子裡？明明手機上就有谷歌和維基百科可以查不是嗎？的確，如果是電話號碼之類不會有問題，可是要用谷歌來代替一切應具備的知識，當然行不通。人類必須具備知識，藉此才能與社會有所連結、提出批判性的問題並辨別詳查資訊的正確性。要將資訊從工作記憶轉爲長期記憶的**固化**過程，不是只有將腦部RAM（隨機存取記憶體）中的「原資訊」移到硬碟中而已。資訊需要先融合個人自身的體驗，再構築成我們所謂的**「知識」**。

所謂人類的知識，並不是將記憶下來的東西像連珠炮似地背誦出來就好。你所認識的人當中最聰明的那一個，不見得一定可以在「棋盤問答」（Trivial Pursuit，譯注：考驗一般常識的益智問答型桌遊）這個遊戲中獲勝。它眞正的涵義是爲了深入學習某項事物，需要同時具備專注與深思熟慮的能力。在充斥著快速「點擊」的世界裡，這件事被遺忘淡去的危險性很高，因爲一頁頁瀏覽網頁的人，並沒有給腦部消化那些資訊的時間。

史蒂夫·賈伯斯說電腦就像是一台「心智的腳踏車」，也就是加快思考的工具，說不定稱它爲代替我們思考的「心智的計程車司機」更加正確。有了電腦確實是輕鬆愉快，只不過你想要將學習新事物這件事交給誰呢？

對周遭漠不關心

吃飯或喝茶當中，每次只要對方拿出手機來，我就會覺得煩躁。儘管自己也不是那種了不起到可以說什麼大話的人，只不過除了能獲得對方的感謝之外，我不想拿出手機其實是由於一些個人的堅持，因爲我覺得手機擺在眼前，雙方的對話會變得有些無趣。手機太有魅力，會讓人對周遭事物興趣缺缺。

某項研究中，讓三十名受試者與陌生人隨意閒聊十分鐘，雙方隔著一張桌子相對而坐，其中一部分人將手機擺在桌上，剩下的則沒那麼做。之後，詢問受試者是否聊得開心，結果發現手機在視線範圍內的那些人除了聊得不太開心之外，也覺得對對方很難有信任感與共鳴。先說明一下，手機只是擺在桌上而已，是不允許拿起來的。

這其實也不是什麼值得驚訝的事。無庸置疑，是因爲多巴胺下令要我們應該對哪件事感興趣。眼前既然有一個每天會賞給我們無數次少量多巴胺的東西，腦部當然會被它吸引，而爲了抵抗想要拿起手機的衝動，就會額外占用有限的專注力。如同前面所提到的，所謂的視而不見，其實是刻意並積極強迫腦部運作的行爲，以致於跟不太上彼此的對話節奏。

針對與朋友共進晚餐的感想而研究調查過三百人的研究員，也著眼於同樣的心理傾向。受試者中有半數被告知用餐途中會收到電子郵件，所以讓他們將手機放在桌上，剩下的一半則被要求不要拿出手機。餐後，手機擺放在一旁的受試者感覺晚餐差強人意。雖然不是有著極端的差異，但也可以明顯看出結果。簡單來說，一旦手機擺放在眼前，與對方共處的時光就會變得乏味。

你也許認爲，不過就因爲一封郵件而拿起手機，應該不至於搞砸整個晚餐的氣氛吧？或許是不會，但這些受試者並不是只將手機擺在那裡待命，晚餐過程中有一成以上的時間是在滑手機。而手機一開始擺在那裡，根本就只是爲了回一封郵件而已。

多巴胺的作用，雖然是爲了傳達哪些事情是重要的、應該專注的，可是這裡所謂的「重要」既不是拿到好成績，也不是升官或使自己活力充沛，而是要讓我們的祖先存活下來並留下基因。其他還有什麼東西能像手機設計得如此巧妙呢？竟然在一天之中可以給我們三百次以上的少量「多巴胺針劑」。手機始終不斷在要求你：「專注在這裡吧！」

即使讀書或工作中也忘不了手機，這樣很奇怪嗎？爲了不要拿出手機，竟然還得耗費智能的處理能力。實在是因爲它太過有魅力，以至於讓人覺得共進晚餐的朋友顯得很無趣。這個每隔十分鐘就會給你新鮮體驗與獎賞的東西，一旦失去了，便感覺有壓力。不，說不定是近乎恐慌的地步。一點也不奇怪，是吧？

因為多工而錯置的記憶

記憶被保存在腦的各個部位，比方說，事實與經驗一般是進入所謂的**記憶中樞「海馬迴」**。另一方面，學會騎腳踏車、游泳或揮桿打高爾夫球等技能時所用的是**大腦基底核的紋狀體**。不過像是邊看電視邊讀書之類的，同時進行多項工作時，資訊常常會進入紋狀體。也就是說，腦部將有關事實的資訊送錯了位置。一旦回復到一次只做一件事的時候，就會改為送回海馬迴。

舉例來說，假設之前在紐約散步的時候吃過非常好吃的巧克力甜甜圈，下次不論再到紐約或是在其他地方一吃到甜甜圈的時候，記憶就會甦醒。另外像是與當時同樣的裝扮、吃著其他巧克力口味的美食，或是有著與在紐約時同樣的心境等也是一樣。腦部最擅長聯想，能夠以某種形式憑藉讓我們回想起過去的那些細微線索去喚起記憶。

靈活多變的記憶建構能力在同時進行多項工作時，有部分會流失。原因在於這些資訊不只送往海馬迴，也會送進紋狀體。記憶測試中多半研究受試者是否記得某些數字或字詞等，其實所謂的記憶比那些更複雜。有關事實的記憶，在融合個人的體驗之後才建構為知識。我們會仔細體會斟酌這些知識，並且換個角度重新觀察，嘗試去理解自己周遭的世界。

這個不尋常的複雜系統，受到資訊洪流多大的影響？目前還沒有完全正確的了解。不過，應該可以說數位化的影響所及比我們想像得更加嚴重。希望各位思考一下，比起記憶測試中測驗人們可以記得幾位數字，如果此刻連最根本且重要的部分也失去，又將如何？

第5章

螢幕對心理健康與睡眠的影響

就某種意義而言是令人訝異的。
人類處於如此性質迥異的環境中，
竟然沒有罹患比現在更嚴重的精神疾病。

——理查．道金斯（Richard Dawkins，演化生物學家、作家）

搭乘公車或地鐵時，偶爾會見到「哎呀，那個人的手機不見了！」這樣的狀況。那個人在極度不安之下，拚了命似地翻遍背包和口袋，直到好不容易找到手機才鬆了一口氣，臉上恐慌漸漸平息的模樣表露無遺。因為找不到價值上萬元的手機而焦急有壓力合情合理，但是他陷入恐慌的模樣應該不只是為了錢而已吧？

被強制要求放下手機的受試者，短短十分鐘內，身體裡的壓力荷爾蒙、皮質醇分泌等級都會升高，也就是腦部進入了**「戰鬥或逃跑」**模式。影響最顯著的就是手機的重度使用者，不是長期高度使用的人，分泌量不會上升那麼多。其實只要思考一下我們的腦部是如何進化至今，這樣的狀況也就不足為奇了。

全神貫注在給予我們多巴胺的事物上，是攸關存活的大事。一天當中每隔十分鐘頻繁為我們補給多巴胺的東西要是不見了，當然會產生壓力反應。甚至會傳送「賴以為生的重要事物消失了！」這樣的訊號到腦部。接著啓動了HPA軸，腦部便下達指令：「趕快行動！取回給我們多巴胺的東西！現在立刻去！」腦部藉著使人強烈不安的力量，要我們去執行命令。

不是只有失去手機才會產生壓力。即使沒有失去手機，似乎也會有壓力。某項研究調查四千名左右二十多歲年輕人的手機使用習慣，其後持續觀察一年。結果發現愈是積極使用手機的人存有壓力問題的比例愈高，罹患憂鬱症的案例也很多。同樣結果也在美國精神醫學學會（APA）針對三千五百人所做的訪談中出現，報告以「美國的壓力」（Stress in America）這樣的主題進行發表，愈是頻繁拿出手機來看的人，壓力愈大。許多受訪者都知道，有時必須遠離手機比較好，三人之中就有二人認爲**「數位排毒」**（Digital Detox）對心靈健康應該是好的，然而實際在執行的人卻連三十%都不到。

綜觀幾項大規模研究，可以知道壓力與過度使用手機有所關連。儘管影響程度從微小到中等都有，對於抗壓性較弱的人來說，即使是小小一滴水，都能讓杯子裡的東西溢出來。

這樣的說法是否也適用於焦慮症呢？其實結果是相同的，十件研究調查中有九件可以看出焦慮與過度使用手機的相關性。這也不足爲奇，壓力與焦慮在本質上都是因體內同樣的系統——HPA軸的作用而產生，只不過原因不同而已。壓力的導火線是造成威脅的事物本身，焦慮則來自於「可能」造成威脅的事物。如果手機會造成壓力，那麼很容易想像它也會引發焦慮，而且實際上就是如此。

測量受試者放下手機時的焦慮程度，發現分離的時間愈久焦慮感增加愈多。以每三十分鐘爲單位去測量，焦慮的程度逐次累進。至於焦慮指數最高的是什麼樣的人？當然就是最常使用手機的人。

因為手機而憂鬱？

如同本書開頭所見，長期壓力會提高罹患憂鬱症的風險。再如同剛才讀到的部分，現代的數位化生活與手機會導致壓力。然後這裡有一塊拼圖可以補上，也就是有將近一百萬名瑞典人，比例上是每九人之中有一人在服用抗憂鬱藥物，這樣的藥物使用在過去十年間急遽增加。與此同時，會招致壓力的手機正式登場，被放進了大家的口袋。

手機關係到這樣的人數增加，其實不難想像。但是果真有可能因為手機而變得憂鬱嗎？沙烏地阿拉伯研究員以一千多人為對象的調查結果，手機上癮與憂鬱之間有著「需警戒等級」的強大關聯性。在中國也證實，經常使用手機的大學生感覺孤單沒自信，其中許多人患有憂鬱症。在澳洲，明確知道罹患憂鬱症的人之中有許多是手機的重度使用者。

全球還有其他國家的研究調查也得到了相同結果，想必在此無需再一一列舉，手機會提高罹患憂鬱症的風險已經很明顯。但是相較於因為手機而導致憂鬱，要問的是憂鬱症的人是否經常使用手機？因為還無法百分之百斷定是由於手機而導致憂鬱症。

我自己是這麼想的。手機的過度使用是罹患憂鬱症的危險因子「之一」，其他像是睡眠不足、長期久坐的生活模式、社會上的孤立還有濫用酒精與藥物等也會提高罹患憂鬱症的風險。手機所帶來的最大影響是「剝奪了時間」，或許也因為如此，使得我們沒有時間充分地運動、與他人互動還有睡眠以避免罹患憂鬱症。

被低估的睡眠

極端的手機使用方式會引發壓力與焦慮，不過受影響最多的其實是睡眠。近幾年來，我身為精神科醫師，在診治患者當中察覺到睡不好的人增加了，幾乎所有人都想要安眠藥。起初我以為這麼多患者來到我這裡不過是湊巧，結果並非如此。因為失眠而就醫的人數暴增，感覺在瑞典幾乎每三人就有一人有睡眠的問題。睡眠時間也變得愈來愈短，平均是七小時。也就是說，每二人之中有一人的睡眠時間比一般所需的七～九小時更短。同樣情形在其他許多國家也都看得到。

事實上，平均睡眠時間在這一百年當中已經減少了一小時。再回溯到那些狩獵採集的祖先，就算睡眠時間沒有我們長，也似乎睡得比我們好。調查那些如今也與當時過著同樣生活的部落後發現，苦於失眠的只有一～二％。在工業國家，睡不好的人則有三成。總之，現代人的睡眠品質非常糟。

我們為何要睡覺？

我們爲什麼要睡覺？儘管不是確實了解原因爲何，但是我們的身體與腦部在睡眠期間所要進行的工作應該是極爲重要的。之所以這麼說，是因爲對我們的祖先而言，一天二十四小時中的三分之一要在近乎無意識的狀態下度過，實在是很危險的事。除了可能被其他動物吃掉之外，睡著也沒有任何好處，因爲既無法覓食也不能傳宗接代。

那麼，睡眠這件事究竟爲何如此重要？自然界爲何讓人類還有幾乎所有動物都具備睡眠的需求？首先，這並不是爲了蓄積能量。即使睡著的時候，腦部所消耗的能量也差不多與醒著的時候一樣。睡眠時，白天損壞的蛋白質會被當成代謝物從腦部排除，這樣的代謝物每天有好幾公克，一年就會丟棄大約等同於腦部重量的「垃圾」，每晚的巡邏清掃對腦部的運作而言是不可少的。長期睡眠不足會提高罹患腦中風或失智等各種疾病的風險，可以想見，那是因爲「清掃系統」沒有正常運作的關係。

睡眠不足也會使人體機能低落。每天睡眠少於六小時的狀況連續十天之後，幾乎相當於二十四小時沒睡覺，專注力會下降。此外，情緒也會不穩定。透過讓受試者觀看有各種臉部表情的照片來觀察腦部變化，從中發現沒睡好的時候，擔任壓力系統發動機的「杏仁核」會產生劇烈反應。

除此之外，人類需要睡眠最重要的原因，想必是短期記憶要轉換爲長期記憶是在夜間進行的緣故。那樣的處理過程稱爲**固化**，尤其會在熟睡時進行。睡眠中，腦部由當天發生的事挑選出要保存哪些內容並建構爲長期記憶，腦部也能讓那些幾乎要遺失的記憶在睡眠裡重建。但要是睡得不好，這樣的功能就無法運作，也會影響記憶。

像這樣，睡眠在記憶的保存上扮演重要角色，而且是其他任何事物都無法替代的。某項研究調查中，教學生記下迷宮的解答，然後讓一部分學生午休一小時，其他學生則保持清醒。五個小時之後，測試他們究竟還記得多少。結果相較於那些醒著可以繼續思考迷宮解答的學生來說，經過睡眠休息的學生反而記得比較清楚。整合這些結果後可以知道，不只是因爲訓練，除了訓練還得要搭配睡眠才能有一番成果。這部分從學校的角度來看特別值得思考，因爲年輕人當中，失眠的人數正持續增加。有關兒童與年輕人的睡眠品質惡化，請參照第165頁。

壓力「加上」螢幕有礙睡眠

如果睡眠對於腦部的清掃、健康的維持、還有情緒穩定與記憶學習如此重要，爲何我們無法在躺下的瞬間就即刻睡著？這恐怕是因爲在過去，睡著時如果完全關閉感官知覺會很危險。那些過著狩獵採集生活的祖先睡在熱帶草原時，確保自己處於安全狀態、不會遭他人殺害或被動物吞食等是極爲重要的。

爲此，入睡時對周遭的感覺是慢慢切入關閉狀態，是漸進式的。恐怕就是因爲這樣，上床之前一旦承受了壓力就不容易入睡。一有壓力，腦部同一位置上那個過去一有緊急危機就會啓動的HPA軸（請參照第41頁）便會甦醒。對腦部而言，「現在打算睡覺的地方並不安全，『務必』讓自己別輕易睡著才行」。因此夜裡感到有壓力就輾轉難眠，不過是腦部遵循進化模式在運作罷了。總而言之，就是刻意不讓你睡覺就對了。

黑夜中的藍光

生理時鐘是藉由人體在光線下暴露的時間來控制，褪黑激素這種荷爾蒙會告訴我們的身體該入睡的時間，它是在**松果體**這個分泌器官中合成的。褪黑激素在白天分泌量少，到了傍晚開始增加，夜裡達到最大分泌量。在光線下暴露太久，會阻礙褪黑激素的分泌，身體會誤以爲還是白天。所以臥房燈光太亮會睡不好，就是這個緣故。反過來在黑暗之中，腦部就會試圖增加褪黑激素，讓身體覺得現在是晚上。

然而左右分泌量多寡的不是只有暴露的光線量，其實和光線的種類也有關，藍光（譯注：筆電或手機的LED螢幕與LED照明之中含有大量波長380~500nm的藍色光）具有抑制褪黑激素分泌的特殊效用。人類眼中有一種只對藍光反應強烈的細胞，對我們的祖先而言，藍光來自於萬里無雲的晴空。這個細胞會告訴腦部：「不要再分泌褪黑激素了！」「振作起來，不要鬆懈、提高警覺！」因爲對祖先來說，藍光是爲了在白天積極活躍地行動，所以你我都會因爲藍光而變得精神奕奕。

入睡之前一旦使用手機或平板，藍光就會讓腦部甦醒，不只抑制褪黑激素的分泌，還會讓分泌延遲二~三小時，也就是藍光會讓你的生理時鐘倒退二~三小時。說得誇張一點，就像從瑞典去到格陵蘭或西非的時差一樣。再加上手機會引發壓力，而壓力又干擾睡眠。甚至還有前面提到過的那些App、社群媒體、遊戲等，因爲所有與多巴胺相關的刺激而使得腦部清醒過來。

理論上，一旦在睡前使用手機，就會因爲那些原因而難以入睡。雖然理論不見得必然與現實一致，不過手機是眞的妨礙了我們的睡眠嗎？沒錯，是眞的。有一項觀察近六百名受試者的研究證實了這件事，盯著手機這類螢幕時間愈長的人，愈是睡不好。尤其是在深夜裡用手機的影響更大，不只會睡不著，睡眠品質也會下降，於是隔天感覺疲累的可能性當然會增加。

如同光是擺在一旁就會干擾專注力與記憶一樣，似乎手機只要放在臥室裡就會妨礙睡眠。讓二千名小學高年級學生睡覺時將手機放在床邊的桌上，他們的睡眠時間比沒有將手機放在身邊的學童少了二十一分鐘。臥室裡只要有電視，睡眠時間就會變短，手機比電視的影響更大。或許你認爲二十一分鐘沒什麼大不了，其他還有調查報告指出更重大的影響，這項讓監護人記錄兒童睡眠時間的調查中發現，手機擺在臥室裡的兒童，睡眠時間比沒有那麼做的孩子少了一個小時。

電子書vs.紙本書

慣常擺在臥室裡的不是只有手機，電子書也一樣。某項實驗讓受試者在睡前讀幾頁書，有些人讀的是紙本書，其他人則閱讀同本著作的電子書。結果呢？讀了電子書的那些人比讀紙本書的人多花了十分鐘才眞正入睡。明明他們讀的都是一樣的內容。藉由紙本還是螢幕來讀書眞的有差異嗎？

首先，閱讀了電子書籍，褪黑激素的合成就顯著減少，而且會延遲一個小時以上分泌。我個人認爲，電子書會讓人聯想到手機應該也是原因之一。由於手機等3C產品與新資訊和活化腦部獎賞系統有著強大的連結，光是拿在手上就能讓人眼睛一亮。「這個東西也有螢幕，就像手機一樣」，腦部因此被騙而興奮不已。

感受程度因人而異

換個說法，無論是大人還是小孩，已經有無數資料間接說明了手機對於睡眠品質的惡化有重大影響。至於對壓力與藍光的敏感度則是因人而異。有些人即使在睡前承受了壓力或是一直盯著螢幕看，還是有辦法一躺下就很快睡著。另一方面，也有人是只要遇上一點點壓力，即便只是入睡的一個小時前，手機「進入了視線範圍內」都會因此而睡不著。如果有睡眠上的問題，最好是避開讓自己有壓力的事物，還有別到了深夜仍盯著螢幕瞧。

螢幕甚至會影響食欲？

在意體重的人，最好先知道一下「使用手機直到深夜可能會增進食欲」這件事。會受藍光影響的不是只有促進睡眠的褪黑激素。藍光同時也會增加壓力荷爾蒙皮質醇與飢餓素（ghrelin）的分泌量。飢餓素不只會增進食欲，也會讓身體容易囤積脂肪。

總而言之，藍光擅長於讓身體甦醒（褪黑激素與皮質醇）、整裝待發（皮質醇）、蓄積能量儲存脂肪（飢餓素）。深夜裡，在用過平板或手機之後，我們不只躺在床上盯著天花板乾瞪眼，還會湧起想吃東西的欲望。而且更糟的是吃宵夜的時候，身體會比平常更有效率地攝取卡路里，再變成皮下脂肪儲存在腰腹部。

世界知名的醫院，曾經徹底調查手機對腦部合成褪黑激素的影響。該醫院提出忠告，無論如何都要將手機帶入臥室的話，睡前請將螢幕關閉，查看時請距離眼睛至少三十六公分以上。這麼做，比較不會影響褪黑激素的合成。

只不過，我是一名精神科醫師，人數超乎以往的年輕人來找我開安眠藥，原則上，我不會立即開立處方箋，而是建議他們先把手機放在臥室以外的其他地方。此外，請他們每週務必確實活動身體三次，運動過後除了容易入睡，睡眠品質也會比較好。我認為還沒嘗試過這些方法之前，不應該吃安眠藥。

第6章

社群媒體——現代最強的「影響者」

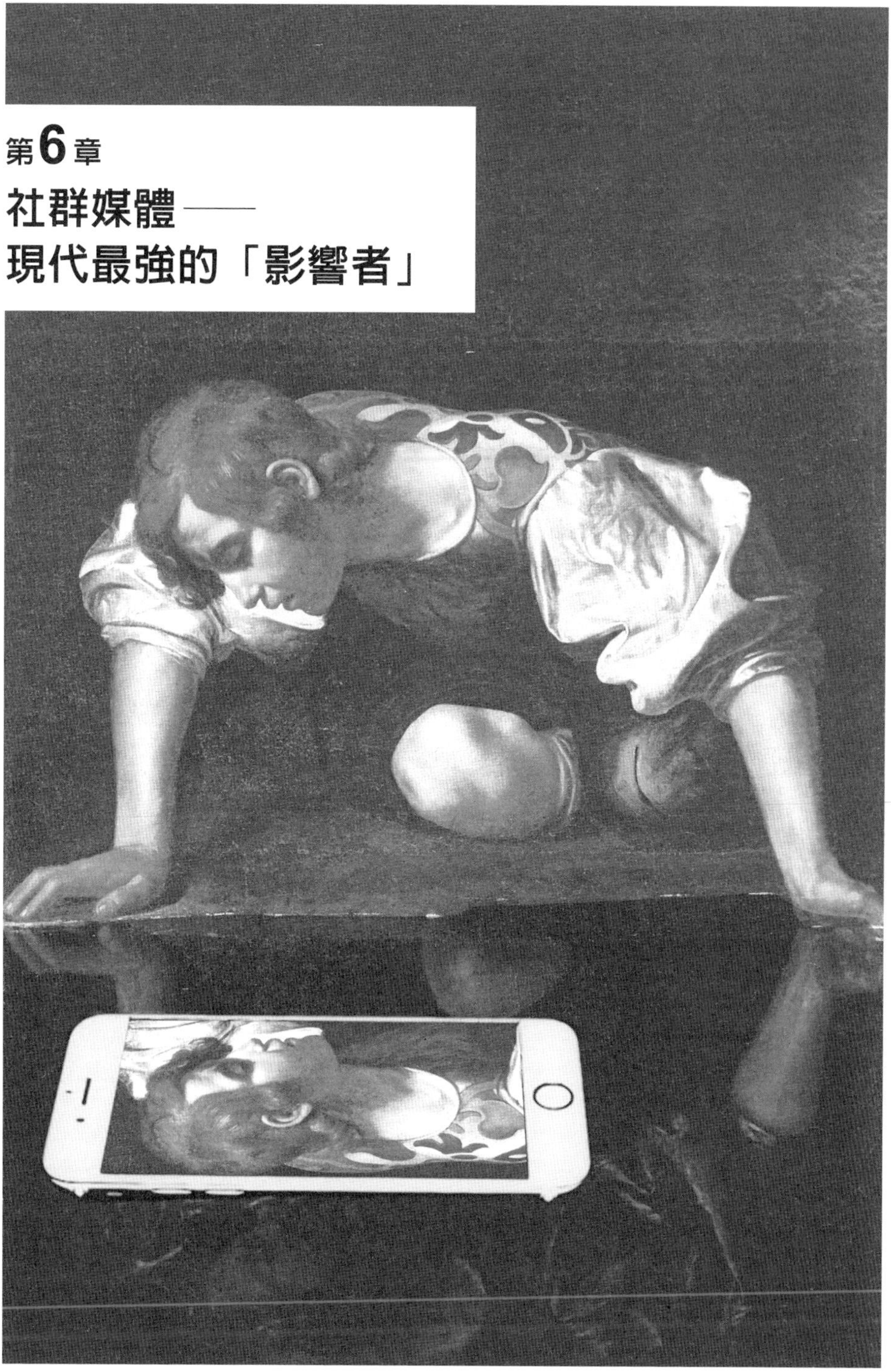

「比較」剝奪了喜悅。

——西奧多．羅斯福（美國前總統）

假設你因爲工作而參加了外宿的研習營，在自由活動的時候，你會和同事聊些什麼？是自家產品、競爭同業、還是下一季的業績報告？當然不是。應該是彼此的私事。爲什麼呢？因爲我們的對話有八～九成不是說自己就是說別人的閒話。我們超愛小道消息！**小道消息**這個字眼聽起來似乎很負面，感覺像是不當的惡意批評，但其實小道消息是讓人類得以保命的手段。如前所述，人類過去的聚落生活規模大約是五十～一百五十人，其中當然有親疏之分，雖然不是與全部的成員都很親近，但至少也要有所關注，而小道消息就是關注的手段。

人類的腦袋最愛負面傳聞

其他人在做些什麼？彼此間的關係如何？由於知道這些是有利的，於是人類會有強烈欲望想獲得這些資訊。吃了高卡路里的食物，腦部就會給予滿足感作爲獎勵，人類藉由攝取能量滿點的食物預防自己餓死。同樣地，腦部機制也進化到對他人的所知加深加廣——也就是談論些小道消息時會產生滿足感。有助於我們存活的，就是食物與小道消息。

至於傳聞，就不只是得到有關某人的資訊而已，還具有制止反社會行爲或像是某人厚顏無恥搭霸王車等舉動的效果。沒有人想被說成是「每次要買單時就一定尿遁的傢伙」，如此想來，喜歡說些傳聞的人也算是爲了團體組織的健全有所貢獻。

有趣的是，我們似乎特別愛好「負面」傳聞。上司在外宿研習活動中爛醉如泥而出醜的事，比起他在活動中精采絕倫的簡報更引人入勝。事實上，負面傳聞會加深彼此的羈絆。很明顯當兩人之間談論起第三者的事情時，只要內容是負面的，雙方之間就會萌生強烈的夥伴意識。也就是說，比起上司傑出的簡報表現，談論他的醜事更能使你與同事拉近距離。

不過，爲什麼腦部偏愛負面傳聞呢？恐怕是因爲負面的資訊尤其重要吧，如此就能拿捏分寸，知道該信任誰、該與誰保持距離。同樣的道理，我們特別關心爭端與糾紛。對於有仇敵的人來說，知道有其他人也討厭這個敵對的對象是很重要的消息，因爲雙方或許有可能同仇敵愾。

在一～二成人口會遭他人殺害的世界裡，誰對誰心懷怨恨、自己該提防誰等資訊與食物在哪裡是同等重要的。由於爭端格外是關注的焦點，即使到了現在，電視上的選舉辯論節目還是會吸引一百萬名觀眾。只是當節目一切入到各個政治家揭櫫個人目標等事務性相關資訊時，許多人就會轉台了。

那麼對腦袋來說，好的傳聞難道就一無是處了嗎？完全不是那麼一回事。好的傳聞會成爲自我反省與啓發，激勵我們向上，因爲聽說了上司發表的傑出簡報，自己也會萌生想要效法的動機，儘管出醜的那一段其實「更加」有趣。

終生具有社交性

透過傳聞彼此關注，不只是爲了防禦敵人與自我保護。人類和其他動物不同，天生就具有社交性。能夠互相合作存活下來，也是因爲這樣的特性。由眾多研究可以知道，愈具有社交能力的人活得愈健康愈長壽。反之，孤單的人則有生病早逝的危險，這樣的結果相信並不令人意外。

對於社交的需求，自出生後就看得到。例如比起一般的線條，新生兒更容易聚焦在形狀與臉相近的圖形上。不論大人與小孩，在腦的顳葉有著對特定臉部聚焦的細胞。這樣的細胞在複雜的網絡下同心協力，即時分辨解析曾經見過的容貌。然而現今這個時代，對於談論傳聞、溝通交流、獲得彼此資訊的社交需求已經轉移到手機與電腦之中。這樣的需求，成了一家史上經營得最成功的企業的根基，也就是人稱「臉書」的企業。

人生中有數年光陰被臉書奪走

二〇〇四年二月，當時十九歲的馬克．祖克柏（Mark Elliot Zuckerberg）爲哈佛大學的同學創立了網路上的社交網站「TheFacebook」。沒多久，有許多學生加入，後來進而擴展到其他大學的學生，甚至開放給一般民眾使用。在眾人的無限關注下，十四年後刪去名稱中「The」的 Facebook 臉書用戶總人數已超過二十億人。

地球人口之中，大約每三人就有一人在臉書上。全球各大洲幾乎每個國家的所有世代「大家」都在用臉書，而且我們「經常」在使用。平均來說，瀏覽相片、讀取更新的訊息再分享、累積按讚數等，一天要花掉三十分鐘以上。假設今後也花費一樣的時間，當現在二十歲的人到了八十歲，人生中有五年的時間花在社群媒體上來計算，其中有將近三年都奉獻給了臉書。

二十億人口每天花三十分鐘在使用的產品上——不曾有哪家企業如此卓越。馬克．祖克柏成功地將人類「想了解自己身邊那些人」的需求網路化。然而成功的秘訣不僅止於此，除了經常想要了解周遭的人事物之外，還有一個讓臉書成功的因素是源自於人類「想說說自己的事」的需求。

一生之中能夠認識多少人？

牛津大學演化心理學家羅賓・鄧巴（Robin Ian MacDonald Dunbar）認為，人類大約可以與一百五十人建立關係。儘管會認識遠比這個數字更多的人、記得他們的名字，但是要達到自己能夠掌握對對方的認知與看法的親近程度，大概就會受限於這個數字上下。這個數字就稱為**鄧巴數**（Dunbar's number）。

有趣的是過去過著狩獵採集生活的祖先們，似乎也是生活在最多一百五十人的聚落裡。原始的農業社會裡，一般認為村內的平均人口是一百五十人。鄧巴自己是這麼說的，屬於腦部最外層「皮質」部分的高層次大腦皮質（新皮質）是人類與動物的分界。新皮質愈大愈發達，該物種生活的聚落規模就愈大。

我們想說說自己

說到自己的時候，腦中會發生什麼事？某研究團體爲找出答案，召集受試者，研究這些人在談論自己時的腦部狀態。例如被問到對滑雪感覺如何，受試者回答：

「滑雪最棒了！」然後再讓他們說說其他人對滑雪的想法等。

相較於談論他人的事，受試者說到自己的時候，在腦部有好幾個地方的運作變得活躍，尤其是額葉的其中一部分，位於眼睛後方的**內側前額葉皮質**（medial prefrontal cortex），由於這是對主觀經驗來說的重要區域，並不令人意外。但是另外還有其他地方也在積極運作，就是俗稱獎賞中樞的**伏隔核**（nucleus accumbens），這個對性愛、飲食、與人交流有所反應的部位，當我們在說到最愛的話題——也就是關於自己的事情時也會活力充沛。

總之，人類在生理結構上，天生就是一說到關於自己的事情時便會得到獎賞。爲何會這樣？這是爲了強化與周遭他人的羈絆、提高與他人同心協力達成某些事情的可能性，這也是得知周遭他人對於自己的表現有何想法的好機會，觀察他人對自己言談的反應可以改善自己的行爲。由於這種先天上的獎賞方式，使得從我們口中所說出的內容有一半以上都是基於主觀的個人經驗。

人類進化期間，聽眾幾乎都是從一人到幾人的程度，現在因爲有了社群媒體，給了我們難以想像的可能性，你可以向數百到數千人述說自己的事。只不過，就算多數人熱衷於說著自己的事，但眞正要談到熱衷的程度，當然因人而異。剛才那個談論自己與他人想法的實驗中，雖然全體受試者腦部的獎勵中樞確實都運作得很活躍，卻有著程度上的差異。有趣的是，最活躍的是那些經常使用臉書的人。愈是因爲說著自己的事情受到稱讚、獎勵中樞活力旺盛的人，對於社群媒體的態度愈是積極。

社群媒體愈用愈孤單

一個按鍵就與二十億個使用者相連結的社群媒體，是人與人互相取得聯繫非常方便的工具。但是我們果眞因爲臉書這些社群媒體就變得交遊廣闊了嗎？似乎並非如此。根據對將近二千名美國人的調查可以知道，熱衷於使用社群媒體的人更是感到孤單。這些人實際上是否眞的孤單是另外一回事，相信各位應該了解，所謂的孤單，不是可以用朋友、聊天室或訊息數量來數據化的，而是一種感受，所以他們是眞眞切切感受到了孤單。

我們一旦遇上了某人，不論是在網路上或在現實中，都會對心情有所影響。某項實驗以五千多人爲對象，請他們回答有關身體健康狀況、人生品質、精神狀態、時間的安排等各種題目，其中也包含了臉書使用時間的問題。結果發現，在眞正的人際關係上花的時間愈長，也就是在「現實中」與他人互動時間愈長的人愈擁有幸福感。另一方面，在臉書上花費的時間愈長則幸福感愈少。「我們很容易誤以爲自己因爲社群媒體而變得交遊廣闊，並且從事著意義深遠的社交活動。然而，那並不能取代實際的社交活動。」研究人員做出了這樣的結論。

可是爲何會變得孤單沮喪？是因爲坐在電腦桌前，所以沒時間與朋友會面的關係嗎？另外還有一種可能性，是在大量的「大家多麼幸福」這種資訊的洗禮下，感到自己虛耗光陰，是個孤單的人。在分析社群媒體對幸福感的影響時，個體在金字塔階級組織中的位置是個重要因素。爲了解它的架構，再來看看另一個腦部的傳導物質，也就是如同多巴胺一樣會影響我們心情的傳導物質——**血清素**。

血清素向來被認爲與心靈的安定、均衡還有精神面有關。現在看來，它似乎不只影響心情，也會影響個人在群體中的地位。調查過幾個熱帶草原猴群後發現，猴群中的猴王，血清素含量最多，與不是位居領導地位的個體相比，高達兩倍之多。這或許是猴王對於自己在猴群社會中位居高層有所認知的表徵。換句話說，猴王有著強大的自信。

血清素似乎對人類也有同樣的影響。根據對美國大學住宿生的調查，在宿舍居住時間較久的領導型人物，體內的血清素含量比剛入住的新生更多。然後半開玩笑地也測量了一下教授與研究助理的血清素含量（由於腦部的測量比較困難，所以是測量血中含量），結果呢？當然是教授的血清素量最多囉。

薄弱的自我檢視

你是否曾經有過在臉書上貼文，結果因為說得太多而後悔的經驗？其實不是只有你而已，我們透過社群媒體不只是與更多人進行溝通交流，也說出更多關於自己的事。因為我們看不見對方。根據多項研究可以知道，有些與他人面對面談論時感覺太過隱私的事情，到了網路上卻十分輕易地就分享了出去。恐怕是因為，與人面對面時，我們可以限制自己的行為。因為我們看得到對方的表情和動作，感覺像是：「咦？他似乎一臉不相信的模樣，我就不要再多說什麼了。」但是當我們得不到反饋時，自我檢視的功能就不會運作。因此，實際生活中不足為外人道的私事，在臉書上卻輕易地就貼給三百人看。

社會地位對精神健康的重要性

誰才是山大王，不論猴子還是人類世界裡都一樣瞬息萬變。當猴王因爲某些原因被其他猴子奪走王位，體內的血清素便急遽減少，新上任的猴王則會增加。甚至可以發現到，當猴王寶座出缺後的權力鬥爭也可以藉由血清素來控制。隨機從中選出一隻並給予抗憂鬱藥物以增加血清素，結果那隻猴子突然開始坐鎮指揮，成爲新猴王。牠並不是變得有攻擊性，其實反倒可以說攻擊性減弱了。牠不是用體格或蠻力來壓制，而是藉由與其他猴子結盟來鞏固自己的地位。

如今，我們認爲血清素會影響猴子如何認知自己的社會地位，同樣的狀況似乎也可以用來說明人類。血清素含量最高的猴子不只是當上了猴王，牠是認知到自己「是」猴王並位居崇高地位，所以血清素增加了。

另外也有這種惡搞的實驗。在猴王和猴群之間裝設一面玻璃牆，雖然猴王看得到猴群，但是那群猴子卻看不到牠。不管猴王如何比手畫腳對猴群下指令，牠們根本沒發現。結果猴王開始焦躁，因爲不確定自己是否失去了支配權而不安，然後血清素的量減少了。身爲老大，終究還是希望身邊的人能夠體察上意。

有趣的是，失去猴王地位的那隻猴子不只血清素的量變少了，行動也有了變化，變得精疲力盡似地悵然若有所失，陷入憂鬱的狀態，這樣的現象與血清素變少在同一時間發生。儘管我們不確定這樣的狀況因何而起，但可以推想的解釋是這樣的。血清素減少之後雖然會內向退縮，但這或許是爲了讓退位的猴王不要對新任猴王造成威脅的一種自然界的安排。社會地位下滑的雄性動物退隱，銷聲匿跡，靜待體力回復之後能夠重新來過，是大自然建構了這樣的機制。

換句話說，就與壓力的原則相類似。長期承受強大壓力的腦部會讓個體的心情變得消沉低落，這是爲了逃離腦部詮釋認知下充滿危險的世界。當自己從原先所在的地位一被推落，腦部就會驅使個體逃離並且不要對奪走該地位的對手造成威脅。腦部就如此藉由情感來支配我們，結果，使得精神狀態變糟並與他人保持距離。

現實中，身爲精神科醫師的我所治療過的數千名憂鬱症患者裡確實有這種類型。就目前爲止的經驗，我發現憂鬱主要有兩種：一種是因爲工作或人際關係等長期的壓力，另一種則是因爲失去社會地位而導致的，像是被裁員、被夥伴背棄等。

數位世界裡的嫉妒

熱帶草原猴與人類一樣，有明確的階級制度。不論是熱帶草原猴或人類，都必須在金字塔階級組織中確立自己的位置，那個位置對我們的心情有重大影響。血清素將個體在金字塔階級組織所在位置與幸福感相連結，是生物學上的一座橋樑。因爲地位降低在精神上受打擊是可以理解的，但也希望能夠暫時停下腳步，思考一下這件事具有什麼樣的意義。與他人競爭失敗了，尤其當地位下降時會變得不安而損害心理健康。然而現代的我們不斷在競爭，在運動方面競爭、在數學考試上競爭，透過臉書和 Instagram 也在相互較勁。連續假期時誰去了什麼稀奇的地方遊玩？誰的朋友最多？誰的浴室裡貼了最貴的磁磚？不論在哪個「領域」，獲勝的永遠是除了自己以外的某某人。

可是人類一直以來不都是在相互競爭嗎？當然沒錯，不過現在的競爭場所相較於二～三十年前完全是兩回事。在我小時候，會拿來跟自己做比較的不過就是一些同學而已。要說到憧憬的對象，大概也就是那可望不可及、特異風格的搖滾明星。現在的兒童或年輕人，不只要接受同學上傳的相片連續轟炸，Instagram 上也可以看到那些修到無懈可擊的圖片。於是將「美好人生就該如此」的標準設定在自己遙不可及的位置上，然後感覺自己是在最底層。

讓時間回到比我生長的八〇年代更早期，相互比較的對象又不一樣了。人類祖先雖然也是在部族之內相互競爭，但對手不過就二～三十人而已。除此之外的，不是太老就是太年輕。另一方面，現在的我們是與數百萬人競爭，不論做任何事，都有人比自己更厲害、更聰明、更酷、更富有、更成功。在金字塔階級組織中的位置會影響精神狀態的話，這個被連結的新世界——在所有層面互相評比的世界，對我們的精神有所影響也就不足爲奇了。

透過社群媒體經常與他人做比較，是否使人失去了自信？正是如此。臉書與推特用戶有三分之二的人覺得「自己不中用」，不論做什麼都不行——因爲總是接收到有人比自己更聰明更成功的資訊。特別是「表面上看起來」的模樣。

以包括十幾歲年輕人在內共一千五百人爲對象的研究調查中，有七成的人覺得「因爲Instagram而變得對自己的容貌感覺很差」。其他另外以二十歲世代爲對象的調查，有近半數的人回答：「因爲社群媒體而開始覺得自己沒有魅力。」同樣的說法也出現在十幾歲的年輕人身上。某項問卷調查中，十二〜十六歲的受訪者有近半數表示：「用了社群媒體之後，對自己的容貌感到不滿意。」相較於男性，似乎女性的自信心更容易動搖。

臉書降低了人生滿意度

當我們試圖研究來自於社群媒體的影響時，會遇上**「誰是始作俑者？」**這樣的問題，也就是先有雞還是先有蛋的問題。假使熱衷於使用社群媒體的人容易心情低落，那麼我們該如何才能知道原因是否在於社群媒體？因為也有可能是一些悲傷的人被臉書或Instagram所吸引，研究人員稱這些為**因果關係**的問題。某項調查請平均年齡約二十歲的年輕人回答類似「現在心情如何？」「目前對自己人生的滿意程度？」「從上一次算起，在臉書上花了多少時間？」這種簡單的題目，嘗試解開因果關係。

這些提問一天重複五次，受訪者用手機回覆答案，藉此可以了解他們在那瞬間的心情，還有這幾個鐘頭內花了多少時間在臉書上。結果呢？愈是經常使用臉書的人，對人生愈不滿意。在假期尋幽訪勝與高檔美食的一張張相片集中火力炮轟下，儘管時間短暫，也可能使他們對人生的滿意度下降。這個結果即使稱不上是實證，也算是個啓發。這篇論文的作者群做出了這樣的結論：「臉書在表面上是個滿足人類與社會接觸這種基本需求的重要平台，然而調查結果顯示，它非但不會增進心靈健康，還會使之惡化。」

耶魯大學研究人員花費兩年時間，研究調查五千名以上受試者的心靈健康，出現了同樣的現象。某段期間內在社群媒體上所花的時間愈長，之後的幾個月裡對人生的滿意度都是下降的。

最嫉妒什麼？

訪問六百人關於使用臉書時的心情，大多數回答是正向的。但是有三分之一的人表示曾經出現負面情緒。最主要的還是因為感到嫉妒。我們究竟在嫉妒什麼？是新車還是新裝潢的公寓？兩者都不是。令人感到嫉妒的是他人的體驗。在稀奇罕見的地方度假的相片，比起昂貴的沙發或高級跑車更容易引起他人嫉妒。而個人的體驗，正是一般我們最常分享的東西。

社群媒體從各個面向影響我們

相信你一定認識一些人，他們即使頻繁使用臉書，一樣活力旺盛，毫無任何狀況，也沒有退縮消沉或感到嫉妒的情形出現。並不是說每個人在社群媒體上耗費了時間，精神狀態就都會變差。雖然有眾多研究指出，社群媒體具有損害心靈健康的危險性，但也有些研究結果是人們因爲社群媒體而變得有活力，因爲臉書上好友多的人受到鼓勵支持，感覺對人生的滿意度也增加了，甚至因此有了自信。我們究竟該相信哪一種說法？

有一個辦法是，不要單一看待這些研究，而是整合多項結果來看。整合近七十份研究報告後發現，社群媒體雖然對精神層面有不良影響，但是一平均下來，影響是小的。不過這終究是「平均」後的說法，有些人是會因爲頻繁使用社群媒體而有精神狀態惡化的風險，也就是神經質、愛操心、總是惶惶不安的人，會受到更重大的影響。

此外，還有**「使精神狀態惡化的使用方式」**。相較於積極的使用者，那些只觀看他人照片而自己不上傳也不參加討論的消極使用者，似乎精神狀態更容易惡化。積極的使用者不只會上傳影像，也會與其他人溝通交流。或許你認爲這麼做是理所當然，其實臉書上積極活躍的交流只占了九％而已，大多數人看著版面上的貼文與圖像，不過就像看著無邊無際的潮水般，滑過一篇又一篇。大部分使用者並不是用社群媒體來社交，而是當成查看他人在做些什麼、或建立個人形象的平台。

在其他場域確實獲得他人認同支持的人，更是將社群媒體當成凸顯社交生活或是與知己好友保持連絡的手段，這樣的人，大多是受到良好的影響；反之，將社群媒體用來「取代」社交生活的人，則會使精神狀態惡化。某項研究發現，原本就精神狀態不佳而且不太有自信的人若是過度使用社群媒體，將有導致精神狀態更加惡化、喪失自信的危險。

社群媒體使女孩失去自信

由於這樣的緣故，自我評價低、沒有自信的人就存有因社群媒體導致精神狀態惡化的風險，因爲他們容易與他人做比較。基本上，誰都會因爲跟他人比較而沒有自信並感到不安，人生中是會有那麼一段時期如此，沒錯，就是青春期。要說現在十幾歲的年輕人被社群媒體綁架了，一點也不過分。以四千名十二～十六歲年輕人爲對象的問卷調查中，每七人就有一人（十四％）一天至少花六小時在社群媒體上，這已經是醒著的時間的三分之一以上。

詢問近一萬名十歲兒童在五年內的精神狀態、朋友與自己的外貌、對學校與家庭是否滿意等問題後發現，隨著年齡的增長，整體滿意度是下降的。這並不奇怪，基本上這個年齡層會覺得相較於兒時，人生變得愈來愈無趣，腦部的多巴胺系統在這段時期有所變化或許也是原因之一。耐人尋味的是，特別常用社群媒體的孩子們，滿意度較低。不過，這樣的傾向只出現在女孩身上，基本上女孩比較會使用社群媒體。研究人員的推測是這樣的：「所謂的社群媒體是必須時常保持連結的……她們經常被迫看著『完美容貌』或『完美人生』的相片，無法停止與他人做比較。」

眾多跡象顯示，社群媒體會讓一部分青少年或成年人心情低落、感到孤獨，甚至失去自信，尤其是女性會受到重大影響，而且影響範圍說不定更廣泛。

他人是自己的一面鏡子

三十多年前，義大利研究團隊爲探索腦部會因爲行動而產生什麼變化，曾經觀察過猴群。猴子只要將手伸往飼料，**運動前區**（premotor area）的細胞就會活化。

這是腦部安排身體活動的區塊。特別値得一提的是，在牠看見其他猴子將手伸往飼料時，同樣的細胞也會活化。這個稱爲**鏡像神經元**（Mirror neuron）的細胞不只存在猴子身上，人類也有。

鏡像神經元是腦部藉由模仿他人來學習的神經細胞。吐舌頭給新生兒看，他也會模仿，一般認爲就是鏡像神經元的作用。鏡像神經元不是只有在行爲學習時才活躍運作，腦部多處區塊中都有它的存在，其中之一就是**體覺皮質區**（somatosensory area），是認知**「他人感受如何？」**的區域。一看到有人手指被門夾到的相片，你的腦部也會進行與對方腦部同樣的運作。即使不至於感到疼痛，卻會有同樣不舒服的感覺。

鏡像神經元藉由刺激體覺皮質區，使個體可以理解他人的疼痛，刺激這個部位不只是感覺疼痛，也可以感受他人的喜悅、悲傷與恐懼。也就是說，在自己的身體與心靈之間、還有自己與他人之間都架設了橋樑。想要理解他人的這種與生俱來的衝動，稱爲**心智理論**（Theory of Mind）。試圖理解他人心中想法時，鏡像神經元扮演著重要的角色，但是關於腦部如何運作，還無法完全確知。我們只知道腦部下判斷時會蒐集大量資訊。不只是對方的言論，還有眼部動作與表情、舉止、態度、語氣，甚至是旁人對他的反應等都是判斷的依據。腦部大致上都是在潛意識裡處理這些資訊，對於對方的想法、感受與目的則是以體驗認知的方式來接收。

不論遇見誰，或單單只是見到了那個人，**心智理論**都會開始運作。你的腦部總是無時無刻試著要揣摩他人的心情感受。這是爲什麼？很可能是爲了預測對方的行動，思考對策。如前所述，因爲腦部始終不斷嘗試回應**「現在該怎麼辦？」**這個問題。

嘗試理解他人想法與感受的這個衝動，大概是與生俱來，因爲鏡像神經元是打從我們出生就已經存在了。不過關於了解他人內心這件事情本身，我們並不是天生的高手，這是需要經過鍛鍊的，而訓練在早期就開始了，就是在腦部最發達的**前額葉**成熟發展的幼兒期或十幾歲的時候。至於要說到是什麼樣的訓練，也就是與父母手足或朋友互動溝通之中慢慢填滿經驗的資料庫。透過這樣的方式，變得可以清楚認知他人的心境、想法與目的。

爲了讓腦中的鏡像神經元發揮最大效能，必須實際與他人見面。測量人們觀看舞台劇或電影時的鏡像神經元活化的程度，並沒有在「IRL」（In Real Life，現實生活）中實際與他人見面時那麼活躍。在活化方面，僅次於與他人見面的就是觀賞舞台劇。至於看電影就達不到同樣的效果，即使鏡像神經元有活化，還是不如實際發生在眼前時的那種強度。所以就算在電影畫面前或電腦螢幕上看了些什麼，對於出自本能去理解他人想法或心情的這種生物學上的機制，並不會產生同樣的影響力。

社群媒體會扼殺共鳴的能力嗎？

理解他人的想法與心情——也就是有共鳴，是人類重要特質的基礎，其中也包含體會感受他人的痛苦。那樣的痛苦愈「抽象」，腦部工作起來愈複雜。通常要理解肉體上的痛苦並不難，只要一看到有人骨折的相片，腦部認知痛感的部分就會立即活化，簡直像自己親身體驗到那種痛苦似的。不過當有人是精神上受苦的時候，腦部就需要花點時間去理解。要設身處地去體會他人因憂鬱症而受苦或因離婚而傷心的狀況，對腦部來說，比體會骨折腳痛更複雜。

心智理論的能力，可以從反覆觀察他人的表情、行爲舉止來獲得。數位化社會中，人與人的接觸換成了Line、推特或影像，這當中會發生什麼事？當你獨自一人足不出戶、只進行見不到面的溝通，一整天有三～四小時盯著手機畫面在過日子，會發生什麼事？不會變得拙於與他人相互理解嗎？爲了感受與認知精神層面的艱辛，腦部必須更加費工夫。如果是這樣的話，現在的數位化生活是否會讓**心智理論**尚未發展完全的十幾歲年輕人的共感能力變得薄弱了呢？

好幾位研究人員與知識分子針對這點提出警告。心理學家珍・特溫格（Jean M. Twenge）與基思・坎貝爾（Keith Campbell）調查年輕人的行爲，討論**「自戀傳染病」**是如何隨著社群媒體的誕生擴大蔓延，人們爲何變得只關注自己卻對他人漠不關心。

這或許聽起來不過像是臆測，因爲人們藉由社群媒體將自己展露在他人目光下，擴大了視野並能得知自己以外的他人生活狀況，如今這樣的數位化社會，共感能力不是理當變得更強了嗎？當然，這種情況也會有，只不過整合七十件以上的研究報告所得到的結果，與珍・特溫格和基思・坎貝爾的結論是一樣的。調查近一萬四千名大學生發現，共感能力自八〇年代以來變弱，其中尤其有兩種能力惡化了，一個是**共感式的關照**，也就是對於處境艱難者感同身受的能力；另一個是在**人際關係中的感受力**，這是以他人的價值觀與觀點去看待世界的能力。同樣的傾向不只在大學生身上，在小學高年級生與中學生身上也能看到。比起八〇年代末期，我們似乎更加自戀了。

這樣的傾向增加，是因爲手機與社群媒體的加乘作用嗎？是因爲這樣而使得青少年變得以自我爲中心，變得受限於身分地位與外表的框架嗎？然後因爲如此而有「別管我！」「其他人怎麼樣都無所謂」的想法嗎？見到事故發生，有人拿出手機是爲了拍攝（想在臉書上得到「讚」數）而不是伸出援手，也是因爲這樣嗎？關於這些提問，還沒有明確的解答。我們無法百分之百斷言數位化生活會削弱共感能力，讓心智理論的能力衰退。但是有眾多徵兆顯示事實正是如此，還是不免令人憂心。

是誰在支配你的關注？

希望你認眞想想，現在穿在身上的衣服，當初爲什麼會買下來？是因爲好看？還是因爲價格合理？說起來，你最初應該是從哪裡得到了這件衣服的相關資訊，而且這樣的說法用在你擁有的其他物品上想必也說得通，是某人讓你知道有手機、家具、電視或電腦正在販售，說服你買下的。

根據試算，全球廣告業界每年約有十六．一五兆台幣的規模正以猛烈的速度從報紙、電視、街頭廣告轉入手機之中。想想我們的腦部機制，這樣的發展完全不令人訝異。如同目前所看到過的，要專注在哪件事情上的這種行爲，是建構長期記憶的第一階段。要讓人了解那些以營利爲目的的資訊，這是重要的基礎。因爲如果有想要的東西，就非記住不可。再加上社會相關的資訊對生存來說也很重要，所以會留存在記憶裡。這些全都如同前面所說明過的。

而這一切，也全都會被用在數位化的市場行銷上。市場行銷人員知道，手機這個每天給腦部增加幾百回多巴胺的小機器會吸引你的關注，也知道你極想得到有關身旁他人的資訊，還有你的腦部爲獲得新資訊已經有萬全的準備。而且他更加明白，隨後要傳送給你的訊息，你的腦部不論是有心還是無意，都會積極地去擷取。然後藉由將廣告巧妙安插在流入你社群媒體的資訊洪流中，目的就達成了。

手機將具有營利目的的訊息傳入我們腦部的這種才能，無與倫比。它不只是吸引我們的關注，還以效益最高的方式悄悄地傳達了訊息。相信你應該看過那些巧妙配置在臉書或 Instagram 動態時報裡，幾乎讓人分辨不出是好友貼文還是廣告的東西，其實這是特別爲你安插在那些位置上的，就爲了讓你在心靈最容易產生共鳴的情況下看見它們。才剛在臉書上看了足球比賽畫面的人，就成爲體育活動相關廣告的理想目標；在某人的度假相片點了「讚」的人，則說不定會對訂購機票有興趣。

在這個有眾多因素會分散人們注意力的世界裡，你的關注與黃金等值。就負責市場行銷的人看來，找不到任何事物比你的手機更適合當作媒介了。而手機之中，也沒有像社群媒體這種在傳達訊息上更具效益的工具了。草創於學生宿舍中某軟體的臉書在十五年內掌控全球廣告的原因就在這裡，自博取關注的爭奪戰中勝出後，完全像是掀開了藏寶盒。二〇一九年的臉書市值總額，相當於瑞典國內生產毛額的五分之四。對照該公司期中財務報告，投資人對於使用者花費了多少時間在臉書上進行了徹底詳查，因爲那每一分鐘的價值堪比黃金，爲全新的廣告銷售市場帶來可能性。臉書公司使盡全力讓使用者長時間逗留，是有原因的。

數位化世界的軍備競賽

汽車製造商必須不斷努力提升汽車性能，盡力打造安全並且對環境友善、價格平實的產品，無法跟上趨勢的製造商，遲早會面臨經營危機。另一方面，對臉書以及其他社群媒體而言最大的資產，就是你的關注。所以必須創造一些具有吸引力的商品，否則不久就會看見它的衰敗沒落。總之，你的關注就像是**強勢貨幣**（Hard Currency），數位化世界的軍備戰爭一天比一天更激烈，應用程式、手機、遊戲與社群媒體的創作者在組織裝備上精益求精，突破各種雜音干擾試圖鑽進你的腦袋裡，爲博取我們的關注，它們駭入腦部多巴胺系統的手段愈來愈高明。

請各位看看手機上的應用程式，色彩鮮艷、標幟清晰簡潔，宛如吃角子老虎機的模樣並非偶然。哪個顏色才醒目，是經過行爲科學家悉心研究的結果。被暱稱爲

「Snacha」的Snapchat就是模仿吃角子老虎機，要查看新的影像或通知就必須將螢幕畫面往下拉。而且更新畫面需要一秒鐘，簡直就像在拉霸一樣。「祈禱同時出現三個櫻桃！」接著會怎麼樣呢？對於不確定結果有所偏愛的腦部就會開始運作了。

推特也有獨自的技法。用手機啓動應用程式後，藍色畫面中的白鳥會拍動幾次翅膀，再漸漸擴大到蓋過整個畫面，突然之間貼文再全部出現。這不是因爲登入需要時間，也不是網路連線不穩定，是要用等待的時間讓人增加緊張感，這樣的延遲經過精密計算，試圖煽動你的腦部獎賞系統達到最高峰。社群媒體的推播通知與聊天室的訊息音效相差無幾，也都不是偶然，就是要讓你想到朋友傳來了訊息，駭入腦部並刺激你尋求與社會有所連結的欲望。而實際上，可能是企圖讓你買下什麼東西也說不定。

臉書、Line、推特各家的產品並不是讓你可以自由分享訊息、影像並滿足你數位化認同需求的平台，「你的關注」才是他們的產品。爲了能轉手賣給各式各樣的廣告主，他們用訊息、影像和數位化認同來吸引人們關注。如果你因爲可以免費使用這些而感到慶幸，可就大錯特錯了。

需要什麼商品，取決於我們自己

既然「我們的關注」那麼値錢，將來是否會出現更加巧妙而吸引人的手機與社群媒體呢？幾年後的我們，是否會盯著螢幕畫面七～八小時，將社會上的互動接觸全都更換爲數位式的呢？又或者是儘管電話、平板、電腦和應用程式仍持續使用，但我們已經可以用一種健全的方式操控最新科技了呢？答案，其實在我們心裡。只要我們如此盼望，與人類大腦和諧的手機還有社群媒體就會問世吧。那麼爲了不讓身心狀態惡化下去，是不是只要我們不再購買iPhone或登入臉書，蘋果與臉書公司應該就會努力開發其他商品。然而，一廂情願如此期待可就太天眞了。

有些人主張，糾結於科技要如何設計發展根本沒用，因爲科技就是科技，人類只能去適應它。不過我認爲那是錯誤的想法，科技與不論好壞都只能全盤接受的天氣並不相同。應該是科技要來順應我們，而不是逆道而行。手機與臉書，巧妙地開發成使人類盡可能依賴它們的產品，其實它們也可以被開發爲不同的模樣，而且從現在開始也不晚，只要我們可以表明想要更不一樣的產品，應該是能夠如願。

曾經在街上見到有人因爲太過沉迷於手機，連身邊發生了什麼事都沒注意到。「究竟是那個人在用手機？還是手機在用他？」會這麼想的不是只有我，連矽谷那些大老都對自家產品顯露出悔意。尤其與社群媒體相關的更爲明顯。臉書前副執行長查馬斯．帕利哈皮提亞（Chamath Palihapitiya）在某次採訪中表示：「我對社群媒體給人們帶來的影響感到懊悔。」他說：「我們所創造的是一個未經深思熟慮，以多巴胺爲原動力並持續不斷的反饋循環機制，它破壞了既有的社會功能。」臉書首任執行長西恩．帕克（Sean Parker）也坦言，該公司利用了人類心理的弱點。他甚至不得不說：「這對孩子們腦部的影響只有天知道。」

「我們自己vs.那些傢伙」血染的歷史

如本書開頭所描述，人類的祖先生活在危險的世界裡，遭受飢餓、病菌感染、事故或猛獸攻擊是家常便飯，半數的人死於十歲之前。其中最可怕的威脅，不是獅子、傳染病或飢餓，而是其他的人。這是事實，我們對於同爲人類的對手極爲殘忍。目前所發現的人類骨骸上，一個多到令人吃驚的現象是頭蓋骨左側有傷痕，可能是被右撇子攻擊頭部所造成的吧。

狩獵採集社會裡的人，據說有十～十五％是遭他人殺害。進入原始農業社會後更加嚴重，每五人當中就有一人，恐怕是因爲口角爭端變多的緣故。這些還是同部族內的數據統計，要說到異族之間的殺戮想必又更多了，離開自己聚落前往找尋其他**智人**，就像踏上死亡之路。如此悲慘的數字與現代社會如何拉上關係呢？確實是有所關連的，因爲這些數字源自於人類最重要的社交衝動。也就是說，人類會將**「我們自己」**與**「那些傢伙」**分類。對於不認識的人感到不安，尤其見到外貌不同的人更是感覺惶恐。啓動恐懼感的杏仁核，對不存於印象中的人會即刻反應。

七萬年前，東非有十～二十萬人居住，其中一小部分，大約不到三千人離開了非洲大陸。以現在來說，差不多就是能裝進一間購物中心的人數，他們就成爲如今生活在非洲以外其他地方的人類的祖先。假使我們是發源自如此小的聚落，那麼在基因上就很相近。正是如此，人類幾乎比所有其他物種的同質性高，拿兩個人的基因做比對，遺傳物質有九十九點九％是一致的。儘管如此，我們的外貌還是如此不同。

實際上，外貌差異絕大部分是因爲要適應氣候而造成的。例如膚色，取決於暴露在多少紫外線之下。顏色較淺的肌膚，吸收光線合成維他命D的效益很高。所以像瑞典這種陽光稀少的地方，皮膚爲了合成維他命D而進化爲淺色。對於寒冷的耐受度也有基因上的差異。一般認爲，亞洲人脂肪較豐厚的上眼瞼是過去祖先生活在蒙古極寒之地時所留下來的遺產。

全球各地人類在基因上的微小差異是極爲**表面**的，是適應生活環境的結果。剝去這層外在，我們相似到令人吃驚的地步。只不過，人體內建的「對異物的恐懼」大大利用了外貌差異這一點。杏仁核一感受到危險，寧可小心過了頭也好過沒發現，也就是送出**「火災警報器原則」**的訊號，要你見到不認識的人，尤其是生面孔的時候「要小心」。

如果被問到對他人是否有偏見，我應該會立刻回答：「沒有。」但是和許多人一樣，我其實比自己所想的更加有偏見。當對方一進入視線範圍，腦部在還沒認知之前就會下結論。我絕對不是鼓吹要跟隨右派激進分子的種族歧視，但是預先知道內建在人類身上的這個機制很重要，因爲過往時代的餘波還是有可能在潛意識裡影響我們。對於不一樣的事物，也就是對「那些傢伙」的恐懼，雖然只要思考一下人類那段血染的歷史就知道合情合理，卻與現代社會完全不協調。

不實報導的擴散機制

在網路上，將他人歸類爲「我們自己」或「那些傢伙」的強烈衝動，同樣也是因爲內建在人類身上的那種對災害與危險的恐懼發揮了顯著效果。如今比起報紙或電視，許多人更常在臉書上瀏覽新聞，不過其中有一個關鍵性的錯誤。報紙與電視新聞編輯部選擇要刊登播報哪一則新聞，不是只注重趣味性，也會審慎調查它的眞實度。另一方面，臉書動態時報上一連串的新聞則是用電腦的演算法去挑選。換句話說，臉書裡並沒有編輯部門負責控管散布在外的報導內容是否眞有其事。經由演算法，認爲我們「應該會感興趣」的那些新聞、朋友瀏覽過後再散布的新聞，就這麼進入我們的視線，至於內容正確與否，則無關緊要。

人類歷史中，有一～二成人口遭他人殺害，所以使得我們格外關心有關爭端與威脅的新聞，因爲這是攸關性命的資訊。臉書的演算法對新聞的選擇並不嚴謹，完全只考量我們瀏覽完之後是否會再加以散布出去。這就意味著與爭端、威脅相關的新聞，尤其可能以極快的速度四處擴散，那些極度積極正向的新聞也一樣，即便整個內容根本就是謊話連篇。

事實正是如此。調查由社群媒體散播出去的十萬多件新聞後發現，臉書不只是散布最多的，也是速度最快的。另一方面，正確無誤的新聞要達到跟臉書一樣的擴散程度則需要花六倍的時間，想必就是因爲臉書比較煽情聳動。它並不需要忠於眞相，而是以會有人看的東西爲優先，就擺在動態時報的最上面。而且人們原本就有散布不實報導的傾向，並不只是因爲演算法的緣故。演算法就只是先確實將新聞傳達給我們，然後是我們自己將這些轉發分享給朋友的，而且瀏覽的人愈多，看起來愈真實。

臉書這個人類史上最大的新聞傳播源頭，因爲對散布內容的可信度沒有盡到編輯責任而受到批評。利用人類天生對恐懼與爭端感興趣這一點來吸引我們的注意，全都是爲了廣告銷售。另外也有人指出，社群媒體上的不實報導既對軍事爭端搧風點火，也撼動了民主主義。不，甚至非但如此，其實已經造成一些決定性的影響。

該是時候進行數位排毒了

由於社群媒體造成壓力、嫉妒、散布不實報導，減少「**滑臉書**」時間是很好的構想。在美國，讓近一百五十名大學生回答有關精神狀態的問題，結果如原先所預期，分成了兩派，也就是狀態良好與輕度憂鬱這兩種。隨機將學生分成兩組，有一組依照平常那樣繼續使用社群媒體，另一組則是限制臉書、Instagram、聊天軟體合計一天最多只能使用三十分鐘，每一種不能超過十分鐘。

三星期後，使用時間減少到三十分鐘的那一組，精神狀態改善了。原本在開始進行實驗當初已有憂鬱症狀的人，孤獨或沮喪的感覺不像之前那麼嚴重了。總之，社群媒體是有可能讓我們變得鬱悶，並不是憂鬱症的人才會經常使用社群媒體。此外，這項研究的重點是受試者並沒有完全不用社群媒體，單單限制使用時間就已經可以讓狀況變好。至於爲避免受到不良影響該限制多少時間，沒有正確的數據，因爲研究中的三十分鐘不過是隨機選擇而已。

我認爲，如果不是只減少使用時間，而是停止一段時間，甚至可以完全停用的話，應該效果會更好。在丹麥的實驗中，讓近一千人嘗試一整個星期都停用。結果據說他們對人生感到滿意、壓力減少，而且與身邊的人「見面」的時間增加了。這項實驗也顯示了來自社群媒體的影響因人而異，尤其對那些在臉書上感到嫉妒的人來說，影響特別顯著。不過說起來，對那些完全不留言而只是瀏覽他人貼文的消極使用者似乎也有效果。如果是讀完這個章節之後，應該就不會對那樣的結果感到吃驚吧。

第7章
變傻的孩子們

在我家，會限制孩子們使用數位產品的時間。

——史蒂夫·賈伯斯（Steve Jobs，蘋果公司創始人）

二〇一七年十月，針對過去二十年來的網路使用習慣所做的調查中規模最大的「瑞典人與網路」公布了調查結果，結論是我們都被手機綁架了，相信沒有人會感到驚訝。不過其中提到一點，幾乎讓所有人都倒抽了一口氣。也就是數位產品對兒童的生活造成何等重大影響的眞相，而且影響及於相當年幼的孩子。嬰兒，也就是未滿一歲的寶寶，每四人之中有一人在使用網路，據說二歲的幼兒則有半數以上是天天都使用網路。

到了學齡期以上，各圖表的數據線圖根本就攀上了高峰，達到百分之百。除了七歲兒童幾乎每天使用網路之外，十一歲的孩子上有九十八%擁有自己的手機，青少年則每天花三～四小時在手機上。扣除睡眠、吃飯、往返學校或托兒所的時間，剩下大約十～十二小時，然而孩子們將這些時間的三分之一以上都用來盯著螢幕看。

當然，這不是瑞典特有的現象。英國的調查也顯示，兒童與青少年每天花六個半小時觀看手機、平板或是電腦與電視（九〇年代中期是三小時）。根據另一項調查，美國青少年每天有九個小時花在網路上。全球各地都出現這樣的統計數據。我們可以了解大人一直盯著畫面是以犧牲智能爲代價，那麼，對這些兒童與青少年會有什麼樣的不良影響？接著就來看看吧。

兒童的手機成癮

「假期玩得開心嗎？」暑假與家人到馬略卡島（Mallorca）度假一週剛回來，朋友這麼問起。她回答：「嗯……天氣很好，飯店也很棒。不過，並不是特別開心。」然後說到旅行途中不斷與孩子起衝突的事。說到最後，全都是因爲孩子一直在玩手機的緣故。「至少吃飯的時候把手機和平板收起來！」結果一這麼說就發生口角，搞到最後，不得不強制要求他們把那些東西都擺到隔壁房間去。可是就算那麼做，隔著飯店隔音不佳的那道牆，孩子聽見手機震動的聲音還是一顆心懸在那裡。「已經爭論到這種程度，結果旅途中還是什麼都沒辦法一起做。就算把手機放在隔壁房，孩子心裡還是只想著手機。」她一副早已死心的模樣如此說著。

腦部有好幾個區塊與系統，有時會同時進行運作，但有時也會起衝突。當你參加派對時站在一大盤洋芋片前，腦中某個系統叫喚你：「把這些都吃掉吧！」同時間有另一個系統在幫你踩煞車。讓你想起不久後，穿泳衣的季節就要來了，它還在耳邊小聲提醒你：「全都吃掉的話會很丟臉唷！」這些系統並不是以相同速度在發展。額頭後方的額葉會控制我們的衝動，能夠讓我們達到延遲滿足，卻也是最晚成熟的部分，在二十五～三十歲之前還不會全部發展完成。也就是說，那個告訴我們不能將洋芋片全都吃掉的腦部區塊，在十幾歲的時候還不太會出什麼意見。另一方面，那個慫恿我們吃掉所有洋芋片的部分，在這個年紀則一點也安靜不下來。

如同前面章節的說明，手機具有一股魔力，會活化人們的獎賞系統並引發關注。腦部那個抑制衝動的部分，並不是只會讓我們忍住不吃洋芋片。它也可以讓我們克制想拿起手機的欲望。由於這個區塊在兒童或青少年時期尚未發展完全，使得數位科技產品對他們來說顯得更加有魅力。結果就如你所見。在餐廳裡盯著手機瞧的孩子，他在學校、在公車還有沙發上都一樣。被父母取走了手機就大聲哭鬧的孩子，爭辯與口角就這麼永遠持續下去。

在多巴胺最活躍的青少年時期更應禁止喝酒

在前面的章節已經看過多巴胺驅動我們採取各種行動的機制。所謂多巴胺的量，實際上指的是腦內多巴胺系統的活動。也就是釋放了多少多巴胺，還有腦中細胞表面有多少受器（receptor）這兩件事。

多巴胺系統的活動在我們活著的過程中會逐漸減少，據說十年之間會減少一成左右。但這並不是說年紀愈大就愈感到不幸，其實應該說是相反，只不過不再如年輕時那樣地興奮，或像那樣去冒險了。多巴胺最活躍是在青少年時期，分泌量會以獎賞的形式急遽增加，也會在失望的時候急遽減少。換句話說，興奮和反作用的時候都反應劇烈，這段時期會有切實感受到活著與沉醉於幸福的時刻，同時也會有莫名長吁短嘆的狀況，比方說像是被男（女）朋友拋棄的時候。

克制衝動的能力還沒有完全成熟之外，再加上處於感覺強烈興奮的時期，年輕人會去冒險犯難，所以保險公司拒絕讓十八歲的機車騎士加保，或是降落傘俱樂部不招募十五歲的學員，也就不足爲奇。另外也可以說，年輕人上癮的風險較高。之所以會限制不讓他們那麼早就記住酒精的滋味，這也是很大的因素。然而，儘管手機潛藏著活化腦部獎賞系統的恐怖魔力，但是關於讓他們持有手機這件事，似乎誰也不擔心。根據多項針對各年齡層使用手機頻率的調查顯示，大致而言，年紀愈輕使用手機的時間愈長。青少年比成年人更常用，其中又以國中生用得最多。

不適合幼兒的平板學習法

兒時記憶中，我曾經緊盯著客廳電視觀看《五隻螞蟻比四頭大象還多》這個節目（譯注：一九七三～一九七五年播放的瑞典兒童電視節目，配合音樂介紹數字與字母），試著用手指頭數數，這是演員馬格努斯·哈倫斯坦、布拉西·布蘭斯特羅姆與艾娃·雷瑪烏斯共同演出的作品，稱得上是兒童教育節目中的翹楚。在我這一代，有許多小孩都是觀看它而學會了數字和文字，是極爲有趣的節目。

孩子們確實是透過《五隻螞蟻》這樣的節目學習數字與文字，並進一步獲得閱讀理解能力。不過，就許多跡象看來，似乎是要接近學齡期才有辦法活用教育電視節目，對於二～三歲幼兒的效果並不那麼顯著，他們應該都是藉由與父母直接溝通互動來學習。

平板或手機應用程式是滿有可能與《五隻螞蟻》具有同樣效果，這部分的研究可以說還沒有什麼進展。不過就學習這一點來說是與教育節目一樣，似乎對學齡期左右的孩子最有效果。以**「平板學習器」**爲名，讓二歲的幼兒拿著它並認爲可以學到一些什麼東西，不過是一廂情願罷了。

卡羅琳醫學院附設醫院小兒科的雨果·拉格克蘭茲教授，長期研究兒童的腦部發展，他對於平板有助於發展這樣的構想持批判的態度，甚至認爲可能導致幼兒發展遲緩。拉格克蘭茲指出，認爲科技對於年紀很小的孩子有好處的這種迷思，原因在於我們將孩子當成了**大人的縮小版**。以拼圖遊戲爲例，對大人而言，應用程式中的拼圖與眞正的拼圖感覺相差無幾，是吧？但是對二歲的幼兒來說，玩著眞正的拼圖可以鍛鍊手指的活動力、讓身體記住形狀與材質的感覺，這樣的效果在 iPad 上都消失了。

還有其他例子，像是書寫能力。如今大家都使用鍵盤，親筆書寫或練習優美字體或許被認爲不具任何意義。所以那些人將練習字帖從教室窗口丟了出去，取而代之要大家專注於用平板或電腦來輸入！當然，已經學會書寫的大人不受影響。但如果是還沒學會寫字的情況下，就得藉由親筆練習來記下文字。以學齡前兒童爲對象的研究顯示，用手，也就是以紙筆書寫的這種運動能力與文字閱讀能力也有重大關連。

美國小兒科醫師團體也與拉格克蘭茲站在同樣立場。小兒科醫師專刊《小兒醫學》（Pediatrics）提出警告，長時間以平板或手機取代一般玩樂方式的兒童，之後可能無法學會一些算術或理論科目中所需要的運動技能。

美國小兒科學會也贊成拉格克蘭茲的主張，認爲兒童，尤其是不滿一歲半的孩子，應該限制他們使用平板與手機。要我來說的話，「不滿一歲半」這樣的年齡設定有點可笑，這些孩子根本都還不太會說話，走路也搖搖晃晃。可是我隨即推翻了自己的想法，考量到現實生活中的二歲幼兒有八成是定期在使用網路的情況，這樣的建議並非無稽之談。

在〈讓孩子玩吧！〉這篇報導中，美國小兒科學會指出：「要發展克制衝動的能力，讓可以專注於某項事物的社會性功能運作，玩樂是必需的。」但問題在於孩子們已經不玩樂了。「一切都預先安排妥當，大人認爲『玩樂』這種事情已經落伍——而我們就生活在這樣的現代。」所以也建議醫師們開個**玩樂**的處方箋給這些很有壓力的父母，也就是將親子同樂的時間排入忙碌的行程表內。

為什麼額葉最後才成熟？

腦部是從後方開始往前生長。起初是從脖子後面先發展成熟，最後再到額頭後方的額葉。為什麼額葉這個控制衝動的部分在成長上最花時間？額葉對於社會上的協調也很重要，人類在這方面的狀況是相當複雜的。經過訓練再累積經驗需要好幾十年。這麼一想，也就可以理解需要歷經長期訓練的部分最後才成熟的原因。也就是說，一般認為額葉受環境的影響比基因還大。

為了解複雜的社會面協調並融入其中，額葉需要經過訓練。根據研究人員的說法，數位化生活會對這樣的訓練造成威脅。因為一旦多數社交活動都變成不實際見面而透過螢幕時，額葉所需要的社會面的技能訓練豈非都無法進行了。這件事或許對很多人來說不成問題，但是對那些原本就不善於分析他人想法、情緒與目的的人，可能會因為訓練不足而受影響。例如經診斷為自閉症的患者等。

喪失延遲享樂的能力

我們每個人都在與這樣的想法爭鬥。「只要我完全不吃盤子上的蛋糕，這個夏天或許可以維持好身材。」「不參加派對，在家用功讀書的話，也許會找到好工作。」爲了在將來獲得更大的**「獎勵」**，對於眼前唾手可得的事物克制忍耐的態度，是非常重要的能力。事實上，有一種說法是根據一個孩子能否做得到這件事就大致可以看出他未來的人生將會如何。能夠爲了兩顆棉花糖等待十五分鐘的四歲孩子比起那個立刻想拿到一顆的人，數十年後的學歷更高、工作更好。

也就是可以解釋爲——自制力在人生早期階段顯現，也關乎將來性。不過延遲享樂的這種能力並非與生俱來，既會受到環境影響，也能透過訓練得到。那麼數位化生活對自制力會有什麼樣的影響？根據多項調查得知，經常使用手機的人容易變得衝動，比較做不到延遲享樂。不過，會不會只是容易衝動的人經常使用手機而已呢？

在這裡同樣會遇上先有雞還是先有蛋這種永遠的因果困境，不過有研究人員試圖釐清這件事。幾年前的實驗中，讓一些原本沒有手機的受試者持有手機（現在要找到沒有手機的人實在很難），希望藉此了解延遲享樂的能力是否會因為開始使用手機就有所變化。結果正是如此，使用手機三個月後進行了一連串測試，發現他們延遲享樂的能力變得不如從前。

做不到延遲享樂，就無法學習那種需要花時間下功夫才會熟練精湛的事物。學習古典樂器的學生人數明顯變少，也是一個徵兆。對此詢問過某位音樂老師原因何在，他的答覆是：「因為現在的孩子習慣了即刻就能到手的獎勵，沒辦法一蹴即成的話就會選擇放棄。」

校內的手機——是敵人還是夥伴？

二〇一六年，我的書《真正的快樂處方》在瑞典出版數週之後，我收到某校校長的邀請函：「可否蒞臨本校演講？」演講活動在禮堂舉行，大致來說，有半數學生在中途開始看手機。我覺得是因爲自己的演講不值得一聽，有些失落。校長是這麼打圓場的：「完全不是那樣，正好相反。我很久沒看到學生那麼有熱忱了。」「可是，大約有一半的學生在滑手機吧？」「是，的確是。可是您知道平時在教室是什麼模樣嗎？是『所有人』都在滑手機，老師們爲了吸引學生注意都非常辛苦。在我之前服務的那間小學裡，下課時間沒有小孩在外面玩，就只是坐在自己位置上人手一機。」

回程中，我思考有關學生在上課時滑手機這件事。當年我讀書的時候，歷史老師是絕對不會允許學生在上課時玩 Game Boy 遊戲機的，假使是拉著大型可攜式電視螢幕到學校看電影的話，相信數學老師也不會視而不見。如果出乎意料地，老師們都允許大家使用遊戲機和電視機的話，那我在學校裡能學到些什麼東西呢？

現在有許多學校禁止上課時使用手機，在我個人看來，理當如此，但也有人持反對意見。關於在校內使用手機的影響，那樣的研究結果又能告訴我們一些什麼？首先，教室內沒有手機的話，孩子們應該會多做些筆記吧？美國研究人員在課堂上觀察學童，沒帶手機的人比較會抄筆記，而且是抄得相當多。這些孩子也學習得比較好。課程後針對上課內容問他們問題，很明顯比帶了手機的人記得更清楚。

研讀時使用紙張想必也是有好處的。挪威研究人員讓小學高年級學生團體的半數使用紙本書閱讀短篇小說，剩下的一半則閱讀電子書。結果閱讀紙本書的那些人對內容記得比較清楚，明明他們讀的都是同一本書，尤其記得最清楚的部分是故事情節發生的先後順序。可以想得到的解釋是，腦部已經習慣了來自於數位化產品的郵件、聊天訊息或資訊更新等這些會給予多巴胺獎賞的事物，所以相較於專注在文章上，想必腦部爲了要刻意忽視不提供獎賞的部分，需要額外耗費寶貴的處理能力，才導致學習效果變差。

拿走手機、提升成績

由於手寫的學習效果比較好，理當不要帶手機進教室。不過，光是單一的研究結果不足以爲證，我們多看幾個吧。某研究團隊針對手機對學習造成的影響調查了近一百件實例，提出前所未有的明確結論：「學習的同時使用手機，將會干擾多種機制。」也就是不論大人或小孩都會因爲手機而妨礙學習。研究人員同時也指出，有些人受到的影響比其他人更嚴重。

進行了一百件以上的研究調查，儘管有一大半明確顯示會干擾學習，這樣的研究依然有些地方被認爲是含糊造作的。爲了解小孩與大人如何學習各項事物，隨機分組讓他們進行心理測驗，還是給人一種與現實有所差距的印象。

如果眞正將手機趕出教室，會發生什麼事？在英國，倫敦、曼徹斯特、伯明罕、萊斯特的多數學校已經禁止使用手機。學生們早上將手機寄放保管，放學時再取回，結果成績變好了。依照進行這項調查的研究人員估算，禁用手機的結果，九年級學生所得到的學習成果，相當於一整個學年多上了一週的課程，成績尤其有進步的是那些原本讀書讀得很辛苦的人。結論就是在學校禁用手機的話，可以不花一毛錢就縮小學生之間的成績落差。

有部分學生，特別是成績好的學生，手機對他們來說或許是助力。至少不會受到太多不良影響。但是對其他學生來說，手機完全只有害處，這個結論和先前那個影響因人而異的研究結果是一致的。讓大約四千名八～十一歲的孩子接受記憶力、專注力和語言能力的調查測試，結果使用手機不到二小時的孩子表現很好。但是除了手機之外還有其他重要因素，每晚睡眠時間在九～十一小時的孩子有好的表現，保持運動習慣的孩子也一樣。

手機或平板這些３Ｃ產品的使用限制會有多少效果，還不十分明確。充足的睡眠，還有運動的影響亦然。間接來說，不睡覺或運動不足說不定也是因爲手機的緣故。因爲手機會使睡眠品質變差，而且讓人一直坐著不動。研究人員的結論很簡潔，孩子們爲了發揮能力，每天至少要活動身體一小時、睡眠九～十一小時，使用手機不要超過二小時。這裡所提到的睡眠、運動、手機和平板的時間限制相當實際。但是要問到有多少孩子達到這個目標——不過五%而已。

年輕人愈來愈睡不著

如同前面所說，我們愈來愈睡不著，這樣的狀況在年輕人之中尤其顯著。青少年的失眠並不是突然發生的，他們在十幾歲的生理時鐘延遲時期成了**「夜貓子」**，所以要早起會很煎熬。另一方面，他們還需要九～十小時的睡眠時間，比大人還長。睡眠的需求加上生理時鐘的延遲，讓他們很難早起。甚至有研究人員以此爲由，主張高中的早上第一堂上課時間可以往後延，就是爲了讓高中生在生物學上的身體節奏獲得調適。

雖說不論哪個年代的青少年普遍都睡眠不足，不過近十年來，失眠的問題持續在惡化。十五～二十四歲年輕人經診斷爲睡眠障礙的人數，自二〇〇七年以來已經增加爲五倍，實在令人費解。失眠現象確實是在二〇〇七年以前就有增加的趨勢，但也只是少量微幅，人數並不多。二〇〇七年開始——就是因爲睡眠障礙就診的人數暴增的一年，到了二〇一一年已經白熱化，就和精神狀態不佳的就診人數暴增是同樣的模式。二〇一一年發生了什麼事？相信各位已經知道了，連網智慧型手機開始眞正普及化，iPhone 從有錢人的奢侈品，開始轉而進入包括兒童和年輕人在內的所有人口袋中。

年輕人睡眠時間減少的速度，進展得比大人還快。以二十個國家共七十萬名兒童爲對象所進行的睡眠狀況調查可以知道，才不過十年之間，睡眠時間就已經縮短了許多。諷刺的是，同一時期也出現很多關於「睡眠對年輕人有多麼重要」的研究報告。要說到究竟縮短了多少時間的話，就是整整一個小時。每天在手機上滑動將近三千次，以至於到晚上也抑制不了興奮，青少年這種充滿壓力的生活成爲睡不著的原因，應該不算是毫無根據的臆測吧。

或許有人覺得這樣太執拗，睡不好果眞是因爲手機嗎？在挪威，調查了一萬名青少年，詢問他們認爲需要多少睡眠時間，還有實際上睡了幾個鐘頭。進一步再請他們回答在平板、手機、電腦上花了多少時間，看電視看了多久。結果完全與成年人同樣的狀況，在螢幕前待的時間愈久就愈睡不著。看來，手機是年輕人睡眠不足的最大要因，應該沒錯。

在英國，十一～十八歲之中有半數回答說會在深夜裡確認手機訊息，每十人就有一人是「至少」確認十次。他們並非沒有罪惡感，有近七成的人回答：「說不定會影響學校的課業。」睡眠方面的苦惱，以女生最明顯。可以想到的解釋是因為女生花比較多時間在社群媒體上，而男生則是玩遊戲的時間比較長。爲了不要離群冷落他人，女生必須一直在線上，以便隨時可以聯繫溝通。於是不斷釋放多巴胺，再加上經常處於待命的狀態或與他人比較的壓力，更加使得她睡不著。

年輕人精神失調的狀況激增

幸好我不是現代的青少年——這個自私的想法在我腦袋一閃而過。我在某報告中看過這樣的統計數據，十~十七歲之間曾經向精神科醫師求診、服用過精神藥物的年輕人比例在這十年中變成二倍。增加最多的是強烈的不安與憂鬱，頭號受害者是年輕女性。在斯德哥爾摩，十三~二十四歲女性中每十人就有一人以上在公立醫院精神科就診，而且還不包括到私人精神科診所的個案。這不是瑞典特有的現象，年輕人的精神失調問題正在全球爆炸性地擴增。在美國，接受憂鬱症診斷的青少年在七年之內增加了六成。

美國自九〇年代起就追蹤青少年的生活型態，每年進行大規模的團體調查，詢問他們：「白天在做些什麼？」是與朋友見面？約會？喝酒？還是玩手機打電腦？讀書嗎？運動呢？所有青少年可能從事的活動統統都問。另外也會詢問當時的心情狀況，寂寞？不安嗎？也有關於睡眠的問題。

這樣的調查雖然不容易分析，但是近幾年某些現象變得更具體了。待在手機或電腦前的時間愈長，心情愈低落。每週使用電腦、手機和平板超過十小時的青少年是感覺**「最不幸福」**的。其次是使用六〜九小時的年輕人。也就是說，比起使用時數低於四〜五小時的人來說，認為自己**「不幸福」**的比例較高。由此延伸，聽到螢幕使用時間（Screen Time）會想起的全部——社群媒體、瀏覽網頁、YouTube動畫和遊戲，這些都與精神失調有關連。另一方面，如果是從事除此之外的其他活動，像是與某人見面、運動或演奏樂器之類的，則會精神充沛有活力。

這樣的現象在多項調查中都可見到。整合十六項研究對共計十二萬五千名兒童與年輕人所做的調查結果，螢幕使用時間一天超過二小時就會提高罹患憂鬱症的風險。時間愈長，風險就愈高。對四萬名兒童與年輕人進行調查後發現，相較於螢幕使用時間短的人，每天使用七小時以上者的憂鬱與不安的症狀達二倍之多。

一天七小時的螢幕使用時間，簡直是超乎想像的久。一整天扣除睡眠、交通往返、上學和用餐時間後只剩下八〜九小時。將這些時間幾乎都耗在手機上的青少年眞有那麼多嗎？其實這一點也不稀奇。有五分之一的青少年，基本上醒著的時間當中，所有個人的時間都用來直盯著手機瞧。

不是只有歐美國家的研究人員發表這樣的結果。在中國，調查近十三萬名青少年與年輕人，待在螢幕前的時間愈久，罹患憂鬱症的可能性就愈高。雖然也有研究指出，如果是在一定時間內使用的話，有益身體健康。只不過那是指一天一小時左右，與現在年輕人的三～四小時相距甚遠。

長期調查的結果也相同

那麼，年輕人的精神狀態惡化完全是因爲手機嗎？倒不見得必然如此。有可能是原本就感到孤獨不安，所以在螢幕前耗費了很多時間也說不定，這裡於是又回到**「雞與蛋」**永遠的因果困境。爲使答案更明確，有研究人員對於使用手機是否會提高憂鬱與不安的風險進行了長期調查。讓四千名年輕人回答問卷，一年之後再調查一次。從他們的回答可以得知，愈是在第一次問卷中回答說經常使用手機的人，一年後的問卷裡表示自己有睡眠障礙、憂鬱，或感到有壓力的機率就愈高。換句話說，這間接說明了手機就是憂鬱與睡眠障礙的原因，而不是那些覺得不幸福、暴露在壓力下或是睡不好的人才經常使用手機。

經由這項調查得知，青少年比兒童更容易因爲使用手機或平板而導致心靈出狀況。可以想得到的解釋是，或許因爲兒童多半用在玩遊戲或看動漫卡通，而青少年則用於社群媒體。如同前面所看到過的，社群媒體會影響我們的精神狀態，經常與他人做比較將形成壓力，導致心靈出狀況。

關於**「先有雞還是先有蛋」**的另一項線索，在於這項調查結果長期以來的變化。研究青少年行爲的心理學教授珍・特溫格察覺到，二〇一二年發生了某件事，由於這個變化太過於戲劇性，以至於回溯到一九三〇年代也沒有任何資料可以與它匹敵。

二〇一一年，美國年輕人比過去更感到孤單，睡眠品質也變差了，他們不再像從前那樣與朋友見面，也不去約會，飲酒量減少、也不在意什麼考駕照之類的問題。同年，iPhone從一個高級的小玩意兒變成一年銷售一億二千萬支以上的角色。光是這一年的銷售量，就相當於二〇〇七～二〇一〇年的銷售總數。此外，手機上網開始眞正普及化，突然間，年輕人幾乎都人手一機。

就目前爲止的研究結果可以推測，「多數年輕人精神狀態不佳而就診的原因是手機」。然而另一方面，卻又揮不去那種是否有些反應過度的感覺。這說不定單純只是每個年代都會有的道德恐慌，就像我們父母那個年代對錄影帶或硬式搖滾感到憤慨一樣。搞不好……跟手機一點關係都沒有。一切都是因爲社會的變遷，尤其現在的就業條件嚴苛，那種壓力也波及了還在讀書的年輕人，因此才使得他們感到孤獨或精神狀態變差？

可是，讓我們再好好研究一下這種假設性說法。如今的青少年花在功課上的時間不比八〇年代，說起來，那些會花時間讀書的年輕人，精神狀態看起來還比不讀書的人要好。學校本身有所變化，也就是學習目標變得抽象、或是讀書這件事的優先順位下滑了，或許在某些國家確實使年輕人的精神狀態變差了也說不定。但是全球學校制度在同一時期出現同樣變化的狀況，當然不會有。而年輕人精神失調現象的增加，卻是在不少國家同時都看得到。

即便如此，那麼一切問題的原因難道就不在於二〇〇八年金融危機後的就業困難嗎？工作變得更難找，或許關係到年輕人的不安與精神狀態惡化？當然，這也有可能是原因之一。不過所謂的就業困難與不景氣，過去也發生過，人們的精神狀態卻沒有如此劇烈的變化。到精神科求診的年輕人，各個階層都有，與家中經濟是否寬裕或困頓毫無關係。此外，不論哪個年齡層的人數都增加了。比方說，十二～十四歲前往精神科就診的人數大幅增加，但是通常這個年齡層最大的煩惱，應該不是就業問題吧？

又或者，也有人這麼想。精神方面的問題在過去很難啓齒，現在則是可以坦承自己精神狀態的時代。就診人數增加可能是因爲這樣吧？當然沒錯。但是爲何在二〇一二年劇增？通常精神方面的問題要發展到說出口或去就醫，會經過好幾年的時間。而且沒有道理在問卷調查中刻意隱瞞自己在精神方面的問題，然而從這些匿名的問卷調查，看得出年輕人的精神狀態是愈來愈糟糕了。

網路可隨身攜帶的時代

自二〇一〇年至二〇一六年，到精神科就診的年輕人急速增加。那段期間，年輕人生活中最大的變化就是開始可以用手機上網。在這個原本幾乎等於不存在的東西上，現在一天平均要花掉四小時。對年輕人，不、對成年人也一樣，如此快速且大規模的行爲變化是近代不曾有過的，恐怕也是人類史上前所未有。

如前所述，過度使用手機使得年輕人的精神狀態變糟，是多方面的影響，除了引發壓力使精神狀態惡化之外，也會傷害他們的自尊心。因爲臉書的「讚」或 Instagram 的愛心符號而經常與他人做比較，每一秒都接受來自數百個同世代的年輕人品頭論足，然後感覺自己像是活在金字塔的最底層。

另外一個問題，就是剝奪了其他活動的時間，尤其是那些可以護衛心靈以防失調的活動。每天在螢幕前待上四個小時，兒童或青少年沒有時間去玩樂並與**「眞正的」**社會接觸。就連運動、甚至是好好睡一覺的時間都沒有。對大多數人來說，這也許不是什麼大問題。但是對精神面脆弱的人，還有過度使用手機或社群媒體的人來說，這很可能就是壓垮駱駝的最後一根稻草。

精神狀態vs.依賴

如果想知道某事物是否造成了影響，有一個作法是先把它排除在外試試看。可是要用這樣的方式來研究手機的影響相當困難。曾經有項研究召集了十個國家共一千名學生，試圖調查這些人沒有手機會受到什麼影響。結果有半數以上的實驗都中斷了，原因據說是他們都出現了**「戒斷症狀」**。

讓那些好不容易達成二十四小時無手機任務的學生記錄下他們的經驗談。智利的學生表示，這個經驗是「瀕臨心理創傷的臨界點」；英國的學生認爲自己竟然可以熬過一天，「感覺難以置信」；中國的學生說：「沒有通訊工具，無法表達自己的心情。」不過，倒也不是每個人的經驗都那麼黑暗。有學生覺得「跟身邊的人比平時變得更親近了」，也有學生說到：「與共同生活的每個人度過了目前爲止最棒的一天。」

似乎有許多青少年都察覺到自己在手機的使用上失去了自制力。在丹麥接受訪談的高中生，有將近半數都回答自己過度使用手機。同樣的狀況在美國也看得到，年輕人之中有五成覺得自己是手機成癮症。女生的比例特別高，大約有六成。有好多項調查結果都指出，女生比較會有睡眠、精神狀態與手機成癮的問題。只不過，像美國年輕人那樣宣稱是**成癮症**會不會有些太誇張？

所謂的**成癮症**，是明知某件事對自己有害，仍然一再重複去做的症狀。這究竟是怎麼一回事？我們以手機爲例仔細來看看。關於「一再重複去做」的部分，不論年輕人或成年人，醒著的時候每隔十分鐘就拿起手機這件事當然是吻合的。然後這件事讓你睡眠狀況差、缺乏專注力，事後想想感覺每天無端浪費了二小時——冒這樣的風險，是否算是「對自己有害」的行爲？要不然這些時間可以用來見見朋友、運動、讀書還是彈奏樂器等。這個答案當然不會有明確的對與錯。但是希望你自己可以思考看看，是否對自己有害。如果你覺得有害，就可以說是成癮症了。

依我個人的想法，我認爲是**手機成癮**沒錯。當然我的意思不是說手機「就像海洛英一樣」、或是會讓小孩變成「精神方面的癮君子」之類的。某位美國醫師就是如此投稿到報刊上，其實用那麼誇張的方式，反而會有使人輕忽手機依賴性的風險。它雖然不到海洛英的程度，但可能會造成依賴性。科技雜誌《連線》（Wired）前任總編輯克里斯·安德森（Chris Anderson）大膽以毒品來比擬手機，他說：「如果問我3C產品所造成的依賴性比較接近糖果還是毒品，我會說是毒品。」

螢幕使用時間的概念

所謂**螢幕使用時間**是涵蓋範圍很廣的概念，不論是用視訊和表姊聊天、爲了寫作文在維基百科上搜尋資料、玩「糖果傳奇」（Candy Crush）這個遊戲或是滑臉書等都包括在內。數位科技的優點之一，是不分老少都能獲得新知並且訓練新技能。電腦遊戲可以培養空間認知能力，也能訓練我們解決問題。飛行員或外科醫實習生透過模擬程式，訓練自己在駕駛艙或開刀房處理危機的能力。以兒童爲對象的程式中，也看得到如此傑出的應用實例。

卡羅琳醫學院教授托克爾·克林貝里（Torkel Klingberg）證明，不論大人或兒童都能用電腦遊戲鍛鍊工作記憶。藉由遊戲提升專注力，緩和注意力不足過動症（ＡＤＨＤ）。研究自閉症的西蒙・拜倫－柯恩（Simon Baron-Cohen）爲了讓自閉症孩子了解他人情感而設計開發了程式，採用了有面部表情的汽車與火車影像，利用孩子們對交通工具的興趣，讓他們練習解讀表情的意涵。

如前所述，人類有發現新事物並想要學習的衝動，這樣的衝動非常強烈，甚至會出現連**回報的尋求**（reward-seeking）與**資訊的尋求**（information-seeking）都難以區分的狀況。也多虧了這樣的衝動，可以藉由數位化輔助工具學習數學、語言、歷史、自然科學等一切學問。換句話說，不必對所有有**螢幕**的３Ｃ產品都提出警示。只是說歸說，認爲這些產品的使用自然而然會受到良好控制，也是想得太天眞。讓七歲的孩子拿著手機，期待他能善加管理運用是不切實際的想法。在教室的椅子上擺放點心和漫畫雜誌，告訴他們眞的很想吃的時候只能拿一個，然後想休息一下的時候，可以看一點點漫畫。當然，有些孩子能夠遵照指令，但是對大多數孩子來說，畢竟是個難題。

第8章
明智的對策——運動

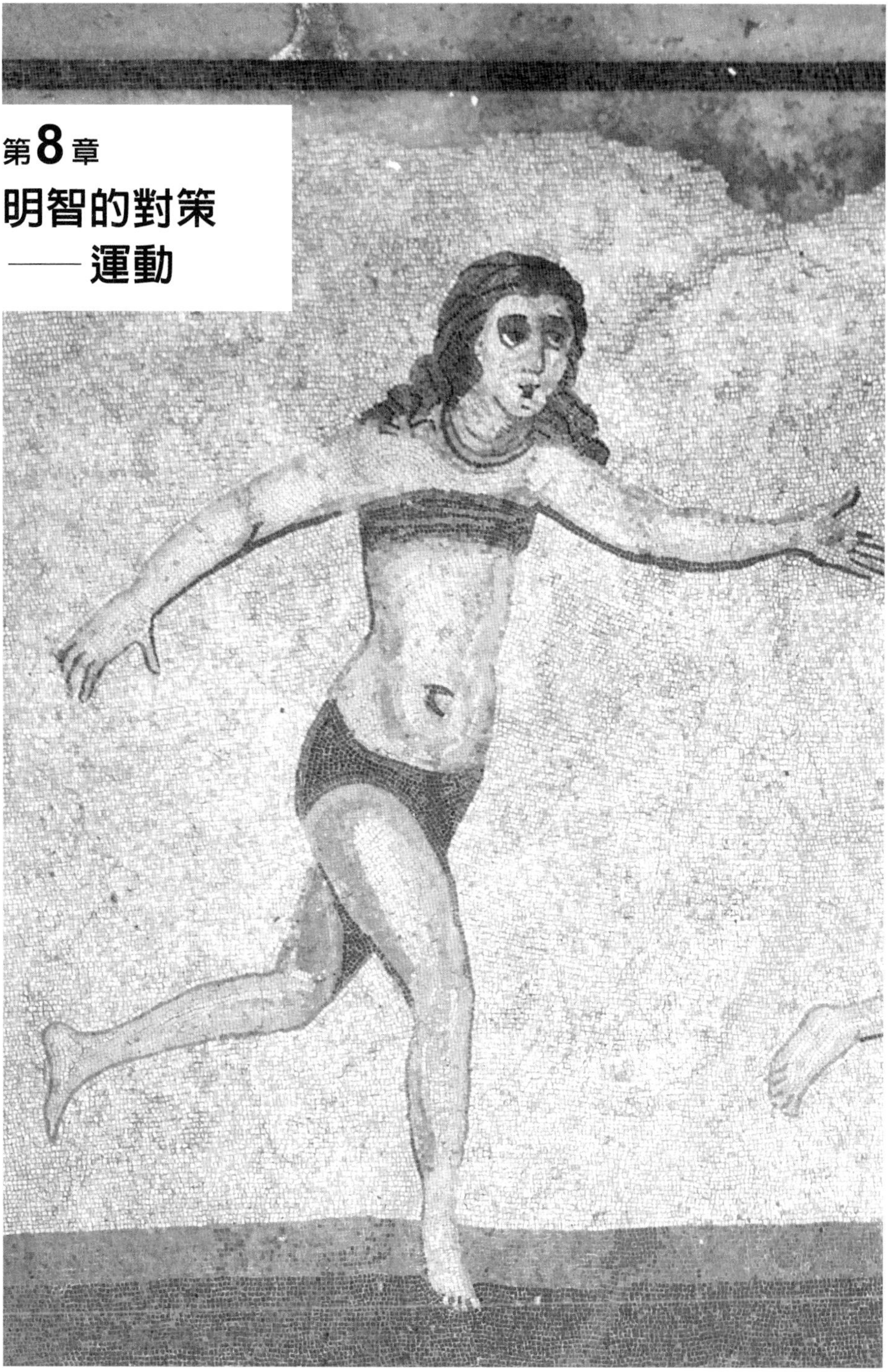

腦部是為了驅動身體而建構的。

不了解這一點，恐怕將不斷面臨失敗。

——邁克爾．葛詹尼加（Michael S. Gazzaniga，加州大學神經科學教授）

下班回家，整個人累癱了。全身都在大叫著想在沙發上躺平。不過讓心情安定下來最好的方法，就是穿上慢跑鞋出門。跑一趟回來之後，壓力解除，心情比剛才好多了，心也平靜下來，找回了專注力，要是再早一點知道這件事就更好了。

四十六歲的房地產開發商告訴我，他用運動來解除壓力與不安。目前爲止，同樣的內容我已經聽過好幾百個不同的版本，在診間、在路上、手寫信件或電子郵件，他們告訴我運動對健康而言是多麼有幫助。可是，所謂的活動身體心靈就健康，只不過是個起始點而已。基本上「所有的」心智能力，都能藉由運動提升效能，既可變得專注，也能加強記憶力並且更有抗壓性。

如今有許多人承受壓力、無法專注，在數位資訊的洪流下載浮載沉，運動是個明智的對策，說不定可以算是**最棒的方法**。

資訊海嘯

每天會有二·五京位元組的新資訊誕生。一京是一千兆的十倍。突然要各位了解如此龐大的數字或許有困難，我換個說法好了，就是每分鐘傳送一億八千七百萬封電子郵件與三千八百萬通聊天訊息。同樣的一分鐘內，YouTube則上傳四百小時分量的影片。再來，可以執行三百七十萬條Google檢索與五十萬條推特貼文，在社交應用程式Tinder上面則有一百萬張相片向左或向右滑過。眼看著增加速度日益加快的同時，這顆要處理洪水般數位資訊的腦袋卻打從一萬年前開始沒有變過。

為處理不斷傳來的資訊，抑制不了衝動是不行的，包括每隔一分鐘就想要拿起手機的衝動，以及已經離開眼前瀏覽的文章卻又想點進下一篇的衝動。有一個心理學測驗叫**「斯特魯普實驗」**（Stroop Test），這是測試衝動抑制能力的實驗，是用相異的顏色去書寫色彩名稱。比方說，用紅色墨水去寫「黃色」這兩個字，然後要盡可能快速說出「字體的顏色」，而不是這兩個字所代表的色彩名稱。或許你認為很簡單，但如果是限時測驗，可是相當費勁的（網路上可以找得到，希望各位去試試看）。儘管是很單純的實驗，結果卻足以解析抑制各種衝動的能力。

接受斯特魯普實驗前先去運動二十分鐘的成年人，表現很好。而且是相當不錯的結果，他們能夠輕鬆地抑制衝動。光是散步個幾次或慢跑也會有效用，不過效果最好的狀況是連續幾個月定期做運動，小孩也一樣，做過運動就比較容易抑制衝動。瑞典的學校也開始納入這樣的方法，作法雖然各式各樣，但多半以不影響各個科目上課時間為主，利用上課前十五～二十分鐘，大家一起動動身體。在希望實際運用這項研究成果的老師、校長與家長們的推動下，正積極執行這個對策。

雖然這項對策的施行結果還沒有發表正式的研究報告，但努力的成果已經登上了媒體。《哥德堡郵報》與瑞典公共廣播新聞網的報導，分別以「分數與心跳同步上揚」「上課前做運動，布登市（Boden）學生成績進步」這樣的標題刊登出來。因爲運動身體，孩子們學習良好，態度也沉穩，據說比過去更有辦法專注，衝動的行爲也減少了。只不過，考量到兒童或年輕人的睡眠需求與生理時鐘，上課前運動十五～二十分鐘並不容易。因此不免想到如果比十五分鐘還短，是否也有效果？事實上是有效果的。

少量運動也有效果

讓大約一百名小學五年級學生在四週之內每天都運動，然後在實驗開始之前與之後都進行一連串的心理測驗。結果發現，不只是專注力提升，一次只專注在一件事情上的能力也進步了，而且連處理資訊的速度都變快了。令人驚訝的是，只要做少量運動就足夠。運動是在教室內進行，每天只需要六分鐘（！）。上課中稍作休息的時間，播放體操影片。孩子們模仿上面的動作，鍛鍊肌肉協調。動作難度會慢慢慢增加，但不至於到達職業足球隊或跳箱冠軍的那種程度。由於一天只要六分鐘，非常短，更不會干擾平時的上課時間。

這項實驗雖然是連續四週進行每天六分鐘的計畫，其實只做一次也會有效果。讓兒童與年輕人玩「波斯王子」這個電腦遊戲，遊戲中有好幾個場景是需要集中注意力去解開困難的謎題。玩遊戲之前一旦先運動，就會玩得很順。這裡的運動同樣不需要很長的時間，只要跑步五分鐘就能把遊戲玩得很好。現在的孩子欠缺的是專注力和不因受干擾而分心的能力，只需要五分鐘動動身體就能獲得改善。有趣的是關於專注力的改善，在注意力不足過動症（非常不容易集中注意力的症狀）的孩子身上效果最顯著。

那麼是否也能改善青少年或成年人的專注力呢？也是有可能的。讓三百位青少年在一週之內都戴著計步器，發現運動得愈多的人，專注力提升愈多，如果是心跳率會增加的運動更好。整合三十項以青少年與成年人爲對象的研究調查，也是同樣的結果。如今被視爲奇珍異寶的專注力，運動可以對它帶來良好作用。此外還發現，因爲運動也改善了腦部在訂定計畫或改變關注對象時的執行功能（executive function）。另外，青少年的專注力只要幾次的散步或跑步就看得到效果，但是執行功能的提升則需要數週到數個月的定期運動。

專注力為何會提升？

答案恐怕是因爲過去我們的祖先時常活動身體，在狩獵或被追趕的時候，需要最高度的專注力。爲了在眞正需要的時刻發揮專注力到極限，人類的腦部在數百萬年間進化，因爲在那個世界不是追人就是被追。一般似乎常誤以爲他們的狩獵活動不過是偶一爲之，但根據現代對狩獵採集民族的研究調查可以知道，他們一天會花二～三小時狩獵或進行其他勞動。期間，祖先們不但持續活動身體，也保持最高警戒，也只有這樣的人才能捕得到自己在追捕的獵物，而且不會變成猛獸的盤中飧。

由於我們的腦子有大部分仍維持在熱帶草原生活的日常，於是要藉由活動身體來提升你我的專注力。只是現在我們已經不需要爲了外出打獵、躲避猛獸而發揮專注力，現在是爲了靜靜地坐在教室的椅子上，或是工作上製作簡報時會需要它。所以說，運動是進化上的一個小幫手。爲了在這個時代也盡可能運作順暢，活用生物學上的生存機制就對了，正如同目前許多學校已經展現的絕佳成果一樣。

不論老少，運動都能預防壓力

見過數百位採用運動的方式積極活動，並試著讓腦袋也運作靈光的人之後，我注意到一件事。大家最推崇的不是專注力的提升，而是因應壓力與焦慮的功效。

如前所述，在瑞典的成年人當中，每九人就有一人以上在服用抗憂鬱藥物。這個藥物不只用在憂鬱，也可以用於強烈的焦慮，我個人認爲每九人就有一人以上的比例實在過高。這個藥確實是有效，但感覺處方有點開得太過隨便。相對地，有些人懷抱強烈焦慮感受，理當服用抗憂鬱藥物比較好，卻並不用藥。對於這樣的人來說，活動身體會是很棒的特效藥。

將容易陷入焦慮的大學生分爲兩組，其中一組給予嚴格訓練（運動強度爲最大心跳率×60～90％的跑步訓練二十分鐘），另一組則是和緩的訓練（散步二十分鐘）。訓練是每週三次，二週共計六次。不論哪一組的訓練，都是一般人可以做得到的等級。經過六次訓練之後，散步組與跑步組的焦慮程度都降低了，效果特別顯著的是跑步組。焦慮的減少並不是只有在運動完的當下，而是持續了二十四小時。這樣的效果還能再延續，訓練計畫結束的一週之後，焦慮程度仍維持在較低等級。

根據世界衛生組織的資料，現在每十人就有一人有焦慮的情緒障礙。有趣的是，經常運動的人較少出現那樣的問題。即便如此，各位是否仍然無法相信運動具有預防不安的效果？無妨。統整近七百名患者的十五項研究結果得知，運動或鍛鍊身體可以讓我們免於焦慮。不論是經過診斷的焦慮症，或是在正常範圍內的焦慮，如同目前爲止的各項研究調查，透過增加心跳率的運動可以獲得最大的效果。

應對壓力的心靈安全氣囊

通常對背負壓力與焦慮感受的患者說明活動身體就能減輕症狀，他們多半是一臉困惑，似乎認爲：「不是放鬆比較有效果嗎？」人類生活在地球上九十九點九％的時間裡，絕大部分的壓力都和**「戰鬥或逃跑」**這類的危險有關連。身體狀況好的話，不管是急忙逃走還是發動攻擊，殺出重圍的機率會提高。經常鍛鍊身體的人，不需要急速啓動壓力系統就能逃離造成威脅的對象，也就不必讓身體進入**恐慌**的狀態。

由於壓力系統本身自熱帶草原時代以來都不曾改變，結果使得身體狀況愈好的人不只愈擅長逃離獅子的追趕，進入現代社會，也善於應付壓力來源。平時就會跑步運動的會計師，到了決算前的忙碌時刻也不會像其他同事一樣壓力爆表，這是有著生物學上的道理可循，因爲壓力系統是在「所謂的壓力就是要逃離猛獸」的時代形成的，由於身體經過鍛鍊的緣故，在看第四季財務報告或是做簡報時，都不太需要啓動壓力系統就能順利過關了。

如前所述，不安的起因是針對可能形成威脅的事物在事前啓動壓力系統，就像常提到的**「火災警報器原則」**。同樣地，進化論在這裡也適用。身體狀況好的人不必事先啓動壓力系統，因爲他有體力足以攻擊可能造成威脅的對象或是逃離，這就關係到不安感受的減緩。

進化過程中，由於身體狀況好的人能夠妥善應對壓力，所以活動身體就能提升面對壓力與不安的能力。這樣的理論想來是恰當的，但是在研究領域裡，「恰當」是說不通的。請各位想像一下，假設你聽到一個音量固定的聲音。一開始聽得到聲音是從後方五公尺處朝自己的方向傳來。然後，又聽到完全相同的聲音從後方五公尺處，也就是和剛才一樣的地點朝著遠方傳去。照理說，那個聲音不論在上述哪種情況下都可視爲同一個，因爲是相同的音色、音量，而且是在同一位置上聽到的。不過令人訝異的是，你會認爲朝自己而來的聲音聽起來比較大、比較近。

這樣的認知，並不合乎現實。專業術語稱之爲**認知偏誤**（cognitive bias）。朝自己靠近的聲音因爲可能潛藏著危險，所以需要逃命的緩衝時間。爲了要認知潛藏危險的事物正在靠近中，進化過程便納入了確保自身安全的**緩衝**。所以才會認為朝自己傳來的聲音比實際上聽起來更大聲。某項調查中發現，身體狀況好的人對於不論是朝自己靠近還是遠離的聲音，都是同樣的認知。狀況良好的話，應該就不需要**搶先偷跑**吧。因為有辦法逃得過朝自己靠近的事物，就不必曲解耳朵傳來的資訊了。

對於朝自己靠近的聲音認知有誤差，是因為身體的狀況——間接明確說明了狀態良好的人不太需要啓動壓力系統這件事。由此導出一個結論，進化過程中，有氧運動會是預防壓力的良方。

現代人運動量愈來愈少

活動身體不但可以鍛鍊抗壓性，還能獲得現今社會極為寶貴的專注力，更有助於我們安然度過數位化時代。只是有個問題，那就是我們的運動量愈來愈少。調查那些如今依然以狩獵採集民族身分過著原始農耕社會生活的部族，結果認為我們的祖先過去每天步行一萬四千～一萬八千步。現在的我們，一天走不到五千步，而這個數字每過十年還會再變少。瑞典人的平均體力自九〇年代以來下降了十一%，現在成年人中有將近一半的人身體狀況不佳足以危害健康。特別糟糕的是年輕人，相較於二〇〇〇年左右，十四歲的運動量在女性方面減少二十四％，而男性則減少三十％。人類史上，應該不曾像這樣急速減少過。十四歲青少年運動量減少的最大主因？就是因爲一直盯著螢幕看。

所有的運動都有效

那麼，大人和小孩該做些什麼樣的運動、做多久，才能讓腦袋運作順暢？爲探求解答，以色列的研究人員調查了五千件以上的研究結果，實在是驚人的作業量。每一項研究都是探討運動對智能有什麼樣的影響。從中挑選近一百件傑出的研究後發現——竟然「所有」種類的運動都對我們的智能有良好作用：散步、瑜伽、跑步、肌肉訓練——不論哪一種都有效。藉由運動改善最多的就是智能方面的處理速度，也就是做運動會讓腦筋靈活反應快。

我們的身材太誇張！

假設我們遇上了直系祖先。你是男士的話，就是父親的父親的父親的父親的父親；女士的話，則是母親的母親的母親的母親的母親。就這樣往上回溯好幾個世代，讓你見到了一萬年前的那位祖先，對於相距一萬年的親人，你的第一印象想必是：「這身材實在是鍛鍊得很好呀……」相對地，我們的身材則比他們差，而且是差得太誇張。

試著分析七千年前的人類大腿骨或脛骨，當時平均的骨質、骨量和強度大約是現在長距離跑者的水準。其中身材尤其經過鍛鍊的狩獵採集者，則遠遠超過現在的頂尖運動選手。對於我們祖先的身材與體能狀態，劍橋大學研究員科林·蕭（Colin Shaw）給予**「魔獸」**的評語。另一方面，現代人的體態卻是令人不敢恭維：「現代人的身材實在是太悲慘。」

蕭認為骨質漸漸惡化最主要的原因是運動量減少，長期久坐的生活型態使得骨質密度下降，腿部的強度也變弱了。換言之，坐著不動的現代人除了腦部之外，連身體功能都有低落的風險。

最好的方式是六個月內至少活動五十二小時。算起來大約是每週二小時，再往下細分，例如可以分成三次，每次四十五分鐘。就算時間再拉長，好像效果也不會更好，不過體能肯定是會變好的。只是單就腦部的作用來說，每週二小時左右的程度已經是效果發揮的極限。換句話說，沒有必要刻意去跑馬拉松。

從腦部的角度來看，會增加心跳率的運動比不增加的更好。不過說起來，即使只是快走也會有驚人的效果。總之就是盡可能去做，能夠提升心跳率就更棒了。

第9章
要腦部去適應手機嗎？

想必矽晶片會改變所有東西的形狀吧。
除了重要事物之外的一切。

——伯納德·列文（Bernard Levin，英國記者）

本書爲各位分析了我們的記憶力與專注力因爲手機而持續低落，此外，提及現代的生活型態是坐著的時間變多、睡眠時間減少了，也指出相關的影響。然而這是否就意味著我們的腦筋變差了？你或許會想，欸等一下！我們不是應該變得比以前更聰明了嗎？雖然是這樣沒錯，不過那也是把時間拉長來看的結果。

在歐美國家，ＩＱ（智能商數）的平均分數在這一百年之間進步了三十分。現代化的智力測驗創始於二十世紀初，當時的平均分數和現在同樣是一百分。隨著我們智力的增長，測驗難度也提高了。如今接受測驗拿到一百分的人，也就是達到平均分數的人，如果以一百年前的測驗來計分就是一百三十分，屬於當時人口三％裡最聰明的那一群。相對地，在二十世紀初拿到一百分的人——這是當時的平均智力——以現在的測驗來看就只有七十分，符合智能不足的標準。

不過，這並不是說活在一百年前的人比我們還笨。他們也像現在的我們一樣，能夠應付人生中實際的一切事物。我們的智商分數之所以提升，可以這麼解釋。現代人接受過比較多智力測驗中會出現的抽象的、數學方面的思考訓練，最重要的是接受學校教育的時間更長。現在的瑞典人有半數具有高中學歷，而一百年前，幾乎所有人只讀過七年的國民學校。再加上現代的工作較爲複雜，以我自身爲例，一百年前的醫生可以用的藥物沒那麼多，就連抗生素都還沒被發現。到如今，卻有好幾千種製劑，醫學知識的領域又更寬廣了，簡直到達誰也無法全盤掌握的地步。

我們的智商在下降

接受更長時間的教育、從事難度更高的工作，我們住在一個複雜度持續不斷增加的世界上。與此同時，我們發展智能並接受在智力測驗中會被檢視的思考相關訓練。這種智商隨著世代而增長的現象，一般稱之爲**弗林效應**（Flynn effect），名稱源自於紐西蘭大學教授詹姆斯．弗林。但是弗林效應並不是因爲數位化的緣故，智商自一九二〇年代起以十年爲一個單位，幾乎是同幅度增長，當時既沒有電視也沒有網路。

然而詹姆斯．弗林在九〇年代末期注意到一個令人在意的趨勢。在北歐，智商的增長已經到達最高峰，目前平均分數每年會下降一些。下降幅度不是很大，大概是每年0.2的程度，北歐經過一個世代後將會下降6～7分。如此一來，就不能算是誤差範圍內了。弗林預測，全球其他地區恐怕也會發生同樣的狀況。

根據弗林的說法，這是因爲學校教育比過去寬鬆，讀書這件事也不像二十～三十年前那樣受推崇的緣故。除此之外可以想得到的，就是活動身體的時間減少了，這使得我們在處理有如狂濤巨浪的資訊時力不從心。

計程車司機腦部變化的原因

每次在倫敦搭計程車，我都驚訝不已，因爲司機不靠地圖和GPS就能抵達目的地。倫敦的街道網不只龐大，似乎也沒有任何邏輯與系統可言。這並不只是因爲我幸運，遇上了經驗豐富的司機。在倫敦，要成爲計程車司機是一項果敢的挑戰，必須記住兩萬條道路和五萬多個地點才行。因爲要具備的知識範圍太廣，以至於這整套內容被冠上「知識大全」的名號。許多人準備多年參加考試，依然有半數不合格。

由於學習量實在太大，大到連腦部都有辦法測量出變化來。將準備參加「知識大全」考試的人和一般同年代的人做比較，開始學習之前，雙方的腦部沒有任何不同。可是之後再度檢查便發現，通過考試那些人的腦部記憶中樞（海馬迴）竟然長大了！尤其是海馬迴「後方」——專業術語爲**後部**（posterior）——的部分成長了，那是掌管我們在空間內認知自己所在位置的一個組織。同年代的一般人或沒通過考試的人，他們腦中的海馬迴則看不到這樣的變化。

藉由學習使得海馬迴長大，而且是物理上的成長變化。也就是說，具體展現了腦部會變化，具有**可塑性**的事實。接著，他們研究這些想成爲計程車司機的人因爲記憶倫敦街道而使得海馬迴長大的原因。在陌生地方開車不用GPS的話，掌管記憶與空間認知的海馬迴和負責做決定的額葉會變得活躍。在面臨像三叉路口這種選項很多的狀況，這些區塊更是特別活力旺盛。相對地，如果只是遵照GPS導航「二十公尺前方向左轉」或「向右繞行圓環」的指示，並不會使海馬迴和額葉活化。如前所述，由於我們的腦部會試圖節省能量，對於不必要的事情不會虛耗力氣。換句話說，如果不去使用它，就有失去部分智能的危險性。因爲對腦部來說，就是**「使用或拋棄」**而已。

我們將許多事都交給手機或電腦代勞的同時，是否也會漸漸失去除了操作它們以外的其他智能，不免令人害怕。不過有沒有可能因爲這樣而釋放出一些空間，讓我們反而可以用在其他重要的事情上？如果GPS能夠替我們找到目的地，我們應該就有時間專心聽聽網路廣播或想想工作上的事了。是，或許是這樣沒錯。但總不能將一切事情都委外處理。爲了與這個世界有所接觸、判斷他人、明辨眼前的資訊，還是需要具備某種程度的知識。更不用說，當今這個時代複雜多了，複雜到極致的社會，讓我們變得聰明，這是弗林效應。不過似乎也有可能使我們變得愚笨，因爲我們也可以將自己的思考委託給電腦和手機，這或許正好與北歐智商降低的趨勢有關連。

許多職業因爲自動化與人工智能而消失，留給人類的那些工作恐怕都是需要專注力的。但諷刺的是，專注力是數位化社會中最需要的，卻也是因爲數位化社會而被剝奪的能力。

「鐵路暈眩」與「數位化暈眩」的決定性差異

「近代科技使我們淹溺於資訊的洪流中，以至於無法獨立思考。」瑞士學者康拉德・格斯納（Conrad Gesner）因爲很早就對近代技術帶來的不良影響提出警告而爲人所知，而且眞的是相當早。他所指稱的不是手機或網路，而是「印刷技術」。這是十六世紀中葉的事。十九世紀，隨著鐵路普及化的同時也有悲觀論者主張應小心提防**「鐵路暈眩」**。因爲以時速三十公里以上的速度載運人類是不自然的事，會讓人身體不適而嘔吐——甚至可能危及性命！在那二十年後，電話又被當成是惡魔的發明，將引來雷雨或邪靈，使得整個社會瀰漫不安的氣氛，連電話交換所都很難請得到員工。至於五〇年代，則有人擔心電視具有催眠的效果。

數位化生活給我們腦部帶來的影響——對這件事的擔心掛念，或許就像對鐵路暈眩、電話邪靈或給人催眠的電視那樣。每當技術革新的時刻，必然有人預言末日審判的來臨。只是話雖如此，有個關鍵點提醒我們對這次的擔心還是嚴陣以待比較好。目前這項新科技，我們可以任何時地隨身攜帶，基本上是不分早晚都在使用。過去不會有人每天搭六～七小時的火車，也不會有人一天講六個小時電話，更沒有人把電視裝在大衣口袋裡帶著走。不過手機和電腦卻是一整天都在用，這就是與之前其他技術革新不同的地方。

腦部要適應當下此刻所在的這個世界，想必我們將永遠不斷因爲創新事物而感到驚訝。考量到腦部的適應性與可塑性，怎麼也無法不顧及這個「一天二十四小時、每週七天」的數位化生活給我們帶來的莫大影響。

數位化影響快到來不及研究！

關於數位化生活帶來的影響，每天會有好幾件研究結果發表，光是這樣就幾乎要暈頭轉向了。在這裡必須記住一件事，「研究是需要花時間的」。首先訂定計畫，然後召集受試者、進行調查、分析結果，再統整到學術雜誌上發表，一般都要花四～五年時間。也就是說，現在發表的研究有多數是在二〇一三或二〇一四年左右開始進行計畫，所以相較於當時，我們在數位媒體上所花費的時間又更多了。

換言之，數位化的發展速度比那些研究相關影響的計畫還快。如果想知道現在的數位化生活所造成的影響，就只能等到五年後才看得到報告。然而屆時的科技又更發達了。只要這二十年內的趨勢不走回頭路，我們的手機或電腦應該會用得更兇吧。

所以我認爲還是當心一點比較好。當你必須從孩子手上（或是從自己手上）硬是拿走手機或平板才行的時候，就得懷疑是否有手機成癮的問題了。如果一天花三小時在手機上以至於睡不好、比過去更焦慮，或是覺得專注力變差了，是值得你考慮暫時遠離手機，即使你不把目前書中所介紹的那些研究結果看在眼裡也一樣。

我們正在失去什麼？

如前所述，人類天生有即刻分散注意力的衝動，手機正是看準了這一點。「現在我們不是因爲獅子而是因爲手機而分散注意力，是否單純只是人類最初的注意力分散的能力回復了而已？腦部只是依照著進化在發展吧？」某次演講中有一名男士如此問道，當時我正說到「數位化社會讓人類的注意力分散」。這是很好的提問，而且說不定也正如他所說的那樣。只不過問題在於這件事發生的過程中，我們或許失去了一些根本上的東西。

文化或科技上的飛躍性成長，大多由那些能夠全神貫注的人達成。從相對論或遺傳基因的發現，還有iPhone的開發——諷刺的是它本身是干擾專注力的東西，在這裡卻成了貼切的例子——都需要非比尋常的專注力。即使是我們自己，不論是運動、樂器、程式設計、寫文章或做菜，任何你所擁有的特殊專長，想必你都還記得曾爲它付出的專注與努力。

「儘管如此，我們應該不久便能夠適應這個新的數位化生活吧？」那位男士不滿意我的答覆，追問到底。的確，文字、印刷或時鐘等各項技術性的發明，除了工作與溝通方式之外，也影響了我們的想法。數位化生活也可能與此雷同，但不見得因此就必然會往好的方向走。

作家尼古拉斯．卡爾（Nicholas G. Carr）描寫了印刷技術賦予大眾顯著的專注力的模樣。只要翻開一本書，即刻就能置身於他人的思考下，專注於那人所寫下的文章。卡爾認爲，網路與書本背道而馳，無法散播深入的思考。

不過就是浮光掠影，一個接著一個往前推進，追求令人耳目一新的資訊與多巴胺的刺激永無止盡。

人類還在進化嗎？

是的，我們還持續在進化。不論你我，都不是進化的終點站。進化不會停止，但或許現在是慢了下來。儘管是個晦暗的事實，進化的基本就是篩選淘汰對當下這個環境沒有用處的特質。具備這種毫無用處的特質者無法存活下來，基因也沒辦法流傳到下一代。白熊之所以慢慢地擁有了白色毛皮，就是因爲除了白色以外的其他熊的死亡率很高。本書一開頭出現的那個渴望卡路里的瑪麗亞，之所以留下基因的可能性比較高，就是因爲飢餓在那個世界是普遍的狀況，沒有充分攝取食物的人保不住性命。對於卡路里的渴求就這樣流傳數千年，成爲人類的一般特質。至於不具有那種渴求的人，就會死亡。

我們也會適應這個新的數位化社會嗎？大拇指會漸漸長成方便輸入聊天室訊息的形狀嗎？還是會變成天生就能懂得電腦的程式語言呢？我不這麼認爲。進化的基本是讓那些對於生存繁衍有助益的特質普遍化，因爲不具有那些特質的人既無法生存，也不會留下後代。

現在的我們，擅長於互助合作共同延續生命。全球的平均壽命在短短二百年內就從三十歲延長到七十歲。藉由體外受精，讓那些如果生活在過去便無法生育孩子的人可以生兒育女。全都是美事一樁。然而純粹就生物學而論，人類的進化是暫時停下腳步的。一生下來就能理解程式語言的那種進化並不會出現，因爲即使生來不具備那種能力也不會因此而死亡。哇！幸好是這樣。因爲我並沒有這樣的能力。

這麼說來，人類不會再繼續進化了嗎？不見得必然如此。近幾十年來，基因科技有顯著的進步。除了知道基因對疾病有何影響之外，也了解到它與精神上的傾向或性格的相關性。目前從身高、髮色到智能，甚至是具社交性或神經質等特質與哪個基因有關都可以知道。與此相關知識爆炸性成長的同時，改造基因的科技也在進步。只要採用這樣的技術，就能將遺傳物質複製貼上，就像在電腦文書資料夾中移動檔案一樣。這樣的技術被用來改變或移除引發疾病的基因，當然是很好的事。不過問題是，「個人特質」與「疾病」的分界並不總是那麼地明確。

比方說，智能大多數歸因於基因，但並不是說有一個單一存在的**智商基因**，實際上是好幾百個基因分別給予你的智商一些作用。爲了讓孩子智商再高一點，對基因進行操控——這樣的點子是會引起爲人父母者的興趣吧，即使沒什麼想像力也大概心裡有數。這樣的事目前並不允許，也不可能發生，儘管再過幾年也許技術上是可能做得到。

將來的基因科技，或許會被用來改變一個人的特質，像是身高或性格、運動技能或智能等所有的特質。許多人對那樣的進展感到膽怯，也就是人類凌駕了進化過程，漸漸變異成爲另一種新的人類。如果可以搭乘時光機前往一千年後的未來，會見到什麼樣的人類？就我個人來說，希望會是外貌或態度想法都與你我相差無幾的人類。

心理問題切莫掉以輕心

如前所述，生活型態數位化的同時，許多人的精神狀態變糟了。哈佛大學研究員提出警告，全世界心理出狀況的個案急速增加，到二〇三〇年爲止將花費十六兆美金。針對這個問題，目前沒有任何國家擬出完善的對策。其實只要加強因應對策就能救治一千三百五十萬人。「沒有其他健康問題會像心理問題一樣被如此輕忽。」哈佛大學教授維克拉姆・帕特爾（Vikram Patel）也這麼說。

在瑞典，心理問題的個案也增加了。現在有將近一百萬名成年人在服用抗憂鬱藥物，相較於九〇年代，增加了五～十倍。年輕人經診斷爲精神障礙、領取處方藥的人數在十年之間變成二倍。這悲慘的數字，光是看了就讓人心理幾乎也要跟著出毛病。我們的精神狀態果眞變得比過去還糟糕嗎？這個問題很難回答。根據世界衛生組織的說法，就二〇一六年這個時間點來看，瑞典自一九九〇年起，年輕人罹患憂鬱症的人數並非增加了。現在的精神狀態並沒有比過去變得更差，而是現在的人即使一點點小事也會就醫，甚至也有人主張就算是一般的情緒都該尋求治療。究竟該相信誰的說法？我個人的態度是嚴肅看待人數增加這件事。儘管有些人的確抱持著不切實際的期待，對於人生中必然出現的情緒波瀾，寄望「精神科醫師能幫我做些什麼」。

在我還是個高中生的九〇年代，找精神科醫師求助是一件難以想像的事。一聽到精神科，腦子裡就浮現出約束衣還有包覆著防撞軟墊的病房。也因此，許多人不就醫任由狀態惡化。如今則大多會前往就診，我認爲這是好現象。舉例來說，這使得現在的自殺人數比九〇年代減少了三成。

人類並非幸福的生物

我們人類是無法自然感受到幸福的生物，創造了人類的這個世界上，有一半的人不到十歲就死亡，平均壽命三十歲，死於感染性疾病、飢餓、殺戮、意外和猛獸，而不是癌症也不是心臟病。為了在那樣的世界裡存活，愛操心還有戒心強成了特長。想必祖先們眼中所見的四面八方盡是發生慘劇的可能性——就是現代所說的焦慮。那樣比起說著：「人生眞美妙！」開心地來回走動、卸下心防、錯失了獅子和蛇的行蹤，或是沒發現到那個對自己有殺意的鄰居要好得多了。換個說法，你的祖先應該總是處於不安之中，而不是相反的境地。希望各位回想一下，**「火災警報器原則」**或情感驅動人類採取各種行動的部分。

有一種作用稱為**選擇壓力**（selective pressures）。這是作用在動物身上，使其獲得於某環境下能提高生存率的特質。選擇壓力創造出能夠融入白雪覆蓋的景象下的白熊，也創造出擁有能夠牢牢抓住石壁的腳蹄、在阿爾卑斯山陡峭斜坡上保持平衡的羱羊（Alpine Ibex）。但是目前為止，卻沒有一種選擇壓力創造出擁有幸福感受的智人。理由很簡單，因為那樣的人類存活的勝算並不高。所謂的「強者生存」不只是指體格強健、勇敢並具有抗壓性，能夠閃避事故或爭端也是重要的能力。從生存的觀點來看，不安或情緒的低落比喜悅或安定平和的心更加重要。

「人們如此富足受恩寵，為何精神狀態會變差呢？」答案是，因為自然界並沒有找到將長遠的幸福感受深埋於人類心中的價值。自然界會給我們短暫的幸福，像是吃到美味的食物、與朋友相聚、享受性愛、職位升遷等時刻所感受到的幸福，但是如此正向的情感隨即會轉變爲「想多吃一點」「想要多一點性愛」「想要更高的職位」這樣的欲望，其中當然有重大的理由，也就是爲了能夠繼續採取行動。

「昨天吃到肚子都快脹破了，今天應該不吃也沒關係吧？」「去年冬天住的地方既安全又暖和，雖然冬天又快來了，不過沒什麼好擔心的。」我們的祖先狀況並沒有好到有餘力想這些。對於他們之中九十九點九％的人來說，所謂食物、安全、可預見的未來這樣的防護網，日常生活裡並不存在。像如今這種充裕的環境，自然界還沒能夠讓人類完全適應，所以我們會感到不安、繼續探查危險何在，儘管實際上已經不需要那麼做了。

讀到這裡，你是否感到失望了呢？我非常明白你的心情。然而在你因爲過於絕望而打算闔上這本書之前，我想說句話。事實上，我們不是必然會變得不幸福。有幾項關鍵可以讓我們絕大多數人都活力充沛，也就是優先注重睡眠、經常活動身體、建構社會關係、承受適度的壓力，以及控制手機的使用。我個人認爲，有更多人可以事先**預防**自己的心理出狀況，就是解決的良方。我們很容易直覺上以爲解藥在藥箱裡，精神藥物確實是有效沒錯，但並非因此就非得讓瑞典國內那每九人當中的一人吃藥不可，或是完全排除其他的解決方法。

不安或情緒低落是人生中很自然的事情，那對我們生命的延續是有助益的，但也不是說因爲這樣就可以無視於這些事所帶來的痛苦。相信你不會對近視的人說：「人類向來視力都很差，所以無計可施。」而是會建議他戴上眼鏡吧？因此，我們不會說：「不論哪個年代的人類，精神狀態都不好。那也是沒辦法的事。」而是要幫助這些人改善精神狀態。相較於二十年前，我們的精神果眞出了狀況嗎？——這樣的提問耐人尋味，但是這並不意謂著我們可以對自然界長期以來埋藏在人類腦中的這些痛苦視若無睹。

為了不因科技而退化

「因爲網路而變笨、感到憂鬱」——近幾年經常在小報上看見這樣的標題。事實上，問題比這個更加複雜。當然，數位化是人類經驗中最大的社會變遷，而我們如今所見不過是**「才剛開始」**，相信這樣的推測是正確的吧。往後數十年，社會應該會變成我們連作夢都想像不到的模樣，更加有效率。同時，也可以與二百年前發生的社會變遷做一番比較。是的，工業革命。轉型爲工業社會後，我們的糧食生產技術進步了，餓死的人減少了。生活在工業革命前的十八世紀法國農民，即使將可用所得的一半都花在食物上，一天所攝取的熱量也不到一千八百大卡。如今我們每天的卡路里消費量則超過了二千大卡。也就是說，十八世紀的農民即使將一半收入都花在購買糧食上也吃不飽。

然而在那三百年後，全球大多數的饑荒都已解決，數百萬人因爲社會發展的緣故而得救。但是以批判的角度來看，我們卻沒有妥善因應卡路里過剩的問題。其結果，使得肥胖成爲可預防死因名單上的前幾名。比起飢餓，現在因爲過食而死亡的人更多。

如同取得卡路里對我們的健康既有好處也有壞處一樣，數位化對我們的腦部同樣可能是一把雙刃劍。一個按鈕就能獲得全球資訊，這是我們祖先想像不到的奢侈。或許因爲數位化的緣故，可以更加有效率地運用智能並獲得超乎想像的創造性。不過一旦每天滑手機數千次去攻擊腦部的話，就會出現影響。當自己習慣於專注力被剝奪時，開始會渴望那樣的刺激，以至於連刺激本身不存在時也一樣。愈是習慣將一些枝微末節的資訊碎片裝進腦袋裡——像是聊天室、推特、臉書的「讚」等，就愈無法吸收重要且大量的資訊，而這些才正是複雜化的社會中最需要的東西。

我們除了必須有智慧地利用數位化工具之外，也一定要預先知道其中的缺點。

否則就會像把手伸向貨架上那些光有熱量卻沒營養的零食一樣，失去處理這些不具意義的數位卡路里的能力。手機這樣的科技，與其說是讓人類升級爲2.0版，倒不如說是降級成爲0.5版。

第10章
結語

我們生在一個未知的世界裡，一個與人類進化適應而來的那個環境相距甚遠的世界。但是如今我們仍舊保有那個狩獵採集民族的腦袋，四處探索危險的蹤跡，立刻感受到壓力、分散注意力，不擅長同時處理多項工作，儘管我們活在一個數位化的世界中，其實只要多留心這件事，我們應該也能活得更健康，身心健全。

這正是我寫作這本書的緣由。加深對人類腦部與生物學上的基本條件等相關知識，就能理解乍看之下很奇妙的現象。長期的壓力爲何對健康會有毀滅性的影響？過度使用手機爲何會讓人變得對身邊的人漠不關心？臉書或 Instagram 調整數位化的大拇指符號和愛心的顯示時間，**駭入**我們的獎賞系統。爲何運動能夠提升抗壓性？手機擺在枕頭邊爲何會有睡眠不足的疑慮？了解腦部進化而來的世界，就能理解這些現象。

不過有一件重要的事。像是「與石器時代吃同樣的食物以獲得健康」或「與石器時代過同樣的生活而變得幸福」這樣的文章標題，你一定也看過。這樣的標題會給人一種印象，就是過著融合物種起源的生活對人類來說是自然的，所以是比較好的。可是這種與自然相近比較好的想法是一種迷思，也因爲常產生這樣的誤解，才有了**自然主義謬誤**（naturalistic fallacy）這樣的說法。並不是因爲我們的祖先過著那樣的生活，就必然是好的，也沒有任何證據可以說明祖先們所吃的食物就是健康的，不論對祖先或對我們來說都一樣。

有很多東西都不是自然的。比方說避孕器就是很好的例子。性愛連結到懷孕這件事是自然現象，現代的我們可以用避孕器防止懷孕；嚴重的心律不整而死亡是自然現象，如今可以用心律調節器來預防；視力不良的人總是活在一片朦朧之中是自然的狀態，現在可以戴上眼鏡來改善。單純就進化的立場來衡量**「自然」**究竟如何，實在很難論斷好壞。

我們知道活動身體會提升專注力、增加抗壓性、強化記憶力，是因爲研究結果顯示如此，而不是「因爲祖先們比我們更常活動身體」。過度使用手機會精神渙散、睡不好、感到有壓力，這也是因爲研究結果出來才知道的，而不是「因爲我們的祖先當時沒有手機」。從進化的觀點去思考就會明白人類爲何如此運作，並且對人類的本質有深入的洞察。

各位或許已經察覺到，這並不是一本完全只彙集答案的書，它同時也是提出問題的著作，也就是在這史上最大的行爲改變之中，人類必須捫心自問的問題。更不用說，當今這個時代的變化速度仍在加快腳步。

最後，大眾科學要求內容的簡約，本書亦同。216頁整合了一些建議，提供

數位化時代的建議

・知道自己使用手機的時數

爲掌握自己一天拿起手機幾次、花了多少時間在上面，可以利用應用程式。如此一來，被手機剝奪了多少時間就一目瞭然。了解自己，是改變的第一步。

・添購鬧鐘和手錶

不需要使用手機執行的功能，就不要使用手機。

・每天關機一～二小時

也將每天關機二小時的事告訴身邊的人。這麼一來，對方就不會抱怨你怎麼不回訊息，或是因爲聯絡不上而感到焦慮。

・推播通知全都關掉

・手機畫面設定爲黑白

使用無色彩的畫面，多巴胺釋放的量就少。而且這麼做將大大影響滑手機的欲望。

・駕駛中切換爲靜音模式

降低在危險瞬間分神的風險。訊息通知還是電話如果來得很不湊巧，可能在最需要專注力的時刻造成妨礙，即使當時沒有接起電話或查看訊息也一樣。

工作場合裡

- **進行需要專注力的工作時不將手機放在手邊，放在隔壁房間**
- **決定好查看聊天室訊息或郵件的時間**

例如每一小時幾分鐘之類的。

與人會面時

- **與朋友見面時，將手機切換爲靜音或振動模式放在遠處，把心思放在共處的友人身上**

相信如此便能共度愉快的時光。

- **如果你拿出手機，身邊的人也會跟著這麼做**

只要你選擇不將手機拿出來，大家應該會向你看齊，成爲一種良性循環。

給兒童與年輕人的建議

・教室內禁用手機！

否則學習力會低落。

・限制螢幕使用時間，以其他活動取而代之

雖然說一天之中的螢幕使用究竟該限制在多久時間以內，要以分鐘數來提供建議有些難度，不過無論如何都需要一個具體數字的話，不分大人或小孩，除了工作與讀書之外在手機及其他螢幕上耗費的時間最長以二小時為限。即使是這樣，扣除睡眠、用餐、往返工作場所或學校的交通時間，那已經占據了醒著的時間的六分之一。如果是未滿八歲的孩子，則以一小時為限。我認為最好的辦法是設定從事其他活動的時間。就事先訂好專心做功課、運動、訪友等行程吧。

・成為好榜樣

我們會藉由模仿他人來學習。小孩會模仿大人所做的事，而不是做大人「吩咐去做」的事。

睡覺時

・關掉手機、平板、電子書

至少在上床睡覺前一小時就要關掉。

・手機不要放在臥室裡

完全睡不著的人，最好不要將手機放在臥室。爲了叫自己起床，就買一般的鬧鐘。

・無論如何都非得放在臥室裡時，就切換成靜音模式

・睡覺前不要點開與工作相關的郵件

應對壓力的方法

・不要忽略壓力出現的徵兆

（關於會有什麼樣的徵兆，請參照第53頁）這些徵兆也有可能來自於壓力以外的其他事情。不了解狀況時，請就醫。

運動與腦

・任何運動對腦部都有益

其中又以提升心跳率的運動爲最佳。不過倒不是叫你要去參加馬拉松大賽。就腦部而言，即使只是散步也會有驚人的效果。總之最重要的就是要運動，可以提升心跳率更棒。

・想要降低壓力等級到極限並且提高專注力，每週需運動三次各四十五分鐘，盡可能運動到流汗會喘的程度

社群媒體

・只追蹤想要積極互動的人

・將社群媒體當成交流的工具

積極在他人貼文上留言可以產生親近感，加深彼此關係。

・刪除手機上的社群媒體程式，只在電腦上用

謝辭

身爲美國癌症專科醫師的作家辛達塔·穆克吉（Siddhartha Mukherjee）說自己是「爲思考而寫作」，我非常了解他所說的意思。因爲寫文章時，那些論述或思考上不足的部分就會清楚浮現出來。不過除了書寫之外，還有一件事對我的思考也有幫助，也就是與一些有智慧與想法的朋友進行討論。藉此，由衷感謝下列諸位（排名不分先後）。是他們給了我各種靈感與啓發以完成本書。

伯恩·韓森、伐尼亞·韓森、鄂圖·安卡克羅納、馬茲·特里恩、古斯塔夫·索德斯特羅姆、塔希爾·賈米勒、馬丁·羅倫佐、米娜·通貝里耶魯、丹尼爾·耶克、西蒙·齊亞各、卡爾·約翰·森德柏格、馬勒·馮·希維休、克里斯多福·阿勒鮑默、喬納斯·皮耶提森、安德修·班德森、維韋卡·吉貝里、艾爾維拉·卡爾鮑默、賈桂琳·李維、雨果·拉格朗茲、馬克思·德格馬庫、奧萊·鮑姆列夫、尼可拉斯·尼貝里、馬諦斯·奧森、約克·米爾歌德、馬琳·休斯特蘭朵、泰德·曼納費爾特、卡爾·約翰·葛蘭迪森、卡琳·波伊斯。

此外，我也要感謝無論在街頭或正式演講會上，透過電子郵件或信件對我的第一本著作表示謝意的各位，你們讓我獲得莫大的勇氣。

邦尼爾集團Bonnier Fakta公司的西西里亞·維克朗德與安娜·帕里亞克，我要向你們獻上一如往常的大大感謝，感謝二位在本書著作過程中堅定地給我鼓勵、靈感與回應。

同時也感謝爲我們錄製精彩的有聲書版本的約翰·史雲森、邦尼爾集團行銷部負責宣傳推廣新書的蘇菲亞·赫林與漢娜·蘭奎斯特，以及將我的著作推介給海外各國的邦尼爾版權公司。

各位，感謝您與我同在！

Eurasian Publishing Group
圓神出版事業機構
用心與你對話．視野無限寬廣
究竟出版社
Athena Press
www.booklife.com.tw reader@mail.eurasian.com.tw
心理系列 070

拯救手機腦：每天5分鐘，終結數位焦慮，找回快樂與專注力

作　　者／安德斯　韓森（Anders Hansen）
譯　　者／葉小燕
發 行 人／簡志忠
出 版 者／究竟出版社股份有限公司
地　　址／臺北市南京東路四段50號6樓之1
電　　話／（02）2579-6600．2579-8800．2570-3939
傳　　真／（02）2579-0338．2577-3220．2570-3636
總 編 輯／陳秋月
副總編輯／賴良珠
責任編輯／柳怡如
校　　對／柳怡如．賴良珠
美術編輯／金益健
行銷企畫／陳禹伶．曾宜婷
印務統籌／劉鳳剛．高榮祥
監　　印／高榮祥
排　　版／莊寶鈴
經 銷 商／叩應股份有限公司
郵撥帳號／18707239
法律顧問／圓神出版事業機構法律顧問　蕭雄淋律師
印　　刷／祥峰印刷廠
2022年1月　初版
2024年4月　9刷

※本書譯自日文版《スマホ脳》（二〇二〇年，新潮社出版）。

定價 310 元　ISBN 978-986-137-352-2

每個人都知道，運動會使肌肉增大，但你可能並不了解，運動也會使大腦中較複雜的區域（即把人類與其他動物區分開的部分）得到進一步發展。但前提是：你必須堅持不斷運動，永不放棄！

——《真正的快樂處方》

國家圖書館出版品預行編目資料

拯救手機腦：每天5分鐘，終結數位焦慮，找回快樂與專注力 / 安德斯．韓森（Anders Hansen）著；葉小燕譯. -- 初版. -- 臺北市：究竟出版社股份有限公司，2022.01

224 面；14.8×20.8公分 --（心理；70）

譯自：Skärmhjärnan : hur en hjärna i osynk med sin tid kan göra oss stressade, deprimerade och ångestfyllda

ISBN 978-986-137-352-2（平裝）

1. 情緒管理 2.焦慮 3.壓力 4.數位科技

176.5　　110019086